CADERNO DE ATIVIDADES

Organizadora: Editora Moderna
Obra coletiva concebida, desenvolvida
e produzida pela Editora Moderna.

Editores responsáveis:
Mara Regina Garcia Gay
Willian Raphael Silva

5ª edição

© Editora Moderna, 2018

Elaboração dos originais:

Mara Regina Garcia Gay
Bacharel e licenciada em Matemática pela Pontifícia Universidade Católica de São Paulo.

Willian Raphael Silva
Licenciado em Matemática pela Universidade de São Paulo. Professor e editor.

Everton José Luciano
Licenciado em Matemática pela Faculdade de Filosofia, Ciências e Letras do Centro Universitário Fundação Santo André.

Cintia Alessandra Valle Burkert Machado
Mestra em Educação, na área de Didática, pela Universidade de São Paulo.

Coordenação editorial: Mara Regina Garcia Gay
Edição de texto: Cintia Alessandra Valle Burkert Machado, Edson Ferreira de Souza
Assistência editorial: Marcos Gasparetto de Oliveira, Paulo César Rodrigues dos Santos
Gerência de *design* e produção gráfica: Sandra Botelho de Carvalho Homma
Coordenação de produção: Everson de Paula, Patricia Costa
Suporte administrativo editorial: Maria de Lourdes Rodrigues
Coordenação de *design* e projetos visuais: Marta Cerqueira Leite
Projeto gráfico e capa: Daniel Messias, Otávio dos Santos
Pesquisa iconográfica para capa: Daniel Messias, Otávio dos Santos, Bruno Tonel
  Fotos: Alexey Boldin/Shutterstock, Lzf/Shutterstock
Coordenação de arte: Carolina de Oliveira
Edição de arte: Adriana Santana, Ricardo Mittelstaedt
Editoração eletrônica: Grapho Editoração
Coordenação de revisão: Elaine C. del Nero
Revisão: Ana Paula Felippe, Recriar Editorial, Renato da Rocha, Yara Afonso
Coordenação de pesquisa iconográfica: Luciano Baneza Gabarron
Pesquisa iconográfica: Carol Bock
Coordenação de *bureau*: Rubens M. Rodrigues
Tratamento de imagens: Fernando Bertolo, Joel Aparecido, Luiz Carlos Costa, Marina M. Buzzinaro
Pré-impressão: Alexandre Petreca, Everton L. de Oliveira, Marcio H. Kamoto, Vitória Sousa
Coordenação de produção industrial: Wendell Monteiro
Impressão e acabamento: HRosa Gráfica e Editora
Lote: 775439
Cod: 24112752

Dados Internacionais de Catalogação na Publicação (CIP)
(Câmara Brasileira do Livro, SP, Brasil)

> Araribá plus : matemática : caderno de atividades / organizadora Editora Moderna ; obra coletiva concebida, desenvolvida e produzida pela Editora Moderna ; editores responsáveis Mara Regina Garcia Gay, Willian Raphael Silva. – 5. ed. – São Paulo : Moderna, 2018.
>
> Obra em 4 v. para alunos do 6º ao 9º ano.
> Bibliografia.
>
> 1. Matemática (Ensino fundamental) I. Gay, Mara Regina Garcia. II. Silva, Willian Raphael.
>
> 18-16906   CDD-372.7

Índices para catálogo sistemático:

1. Matemática : Ensino fundamental   372.7

Maria Alice Ferreira – Bibliotecária – CRB – 8 / 7964

ISBN 978-85-16-11275-2 (LA)
ISBN 978-85-16-11276-9 (LP)

Reprodução proibida. Art. 184 do Código Penal e Lei 9.610 de 19 de fevereiro de 1998.
Todos os direitos reservados
EDITORA MODERNA LTDA.
Rua Padre Adelino, 758 – Belenzinho
São Paulo – SP – Brasil – CEP 03303-904
Vendas e Atendimento: Tel. (0_ _11) 2602-5510
Fax (0_ _11) 2790-1501
www.moderna.com.br
2023
Impresso no Brasil

1 3 5 7 9 10 8 6 4 2

Imagem de capa
Atleta usando um relógio inteligente para monitorar os dados da corrida e os batimentos cardíacos.

SUMÁRIO

PARTE 1

RECORDE 7

UNIDADE 1: Números reais 10
   1. Números naturais, números inteiros e números racionais, 10
   2. Números irracionais, 12
   3. Números reais, 13

UNIDADE 2: Potenciação e radiciação 14
   1. Recordando potências, 14
   2. Raiz enésima de um número real, 18
   3. Operações com radicais, 26
   4. Racionalização de denominadores, 31
   5. Potência com expoente fracionário, 33
   6. Recordando porcentagem, 35

UNIDADE 3: Circunferência 37
   1. Circunferência e círculo, 37
   2. Posições relativas, 40
   3. Ângulos na circunferência, 48

PROGRAMA DE RESOLUÇÃO DE PROBLEMAS. 54

PARTE 2

RECORDE 57

UNIDADE 4: Produtos notáveis e fatoração 59
   1. Produtos notáveis, 59
   2. Fatoração de expressões algébricas, 68

UNIDADE 5: Semelhança 75
   1. Ângulos, 75
   2. Razão e proporção entre segmentos, 81
   3. Figuras semelhantes, 87
   4. Polígonos semelhantes, 87
   5. Triângulos semelhantes, 90
   6. Teorema de Tales, 96

UNIDADE 6: Relações métricas no triângulo retângulo 101
   1. O teorema de Pitágoras, 101
   2. Outras relações métricas no triângulo retângulo, 105
   3. Aplicações do teorema de Pitágoras, 112

PROGRAMA DE RESOLUÇÃO DE PROBLEMAS 120

PARTE 3

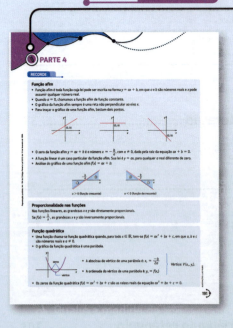

RECORDE 122

UNIDADE 7: Relações trigonométricas no triângulo retângulo 123
  1. Razões trigonométricas no triângulo retângulo, 123
  2. Tabela de razões trigonométricas, 126
  3. Relações trigonométricas no triângulo acutângulo, 132

UNIDADE 8: Equação do 2º grau 137
  1. Equação do 2º grau com uma incógnita, 137
  2. Resolução de uma equação do 2º grau incompleta, 140
  3. Resolução de uma equação do 2º grau completa, 143
  4. Fórmula de resolução de equação do 2º grau, 145
  5. Análise das raízes de uma equação do 2º grau, 147
  6. Resolvendo problemas que envolvem equações do 2º grau, 151
  7. Equações redutíveis a uma equação do 2º grau, 154
  8. Sistemas de equações do 2º grau, 166

UNIDADE 9: Funções 172
  1. Ideia de função, 172
  2. A notação $f(x)$, 175
  3. Representação gráfica de uma função, 183

PROGRAMA DE RESOLUÇÃO DE PROBLEMAS 189

PARTE 4

RECORDE 191

UNIDADE 10: Função afim 193
  1. Função afim, 193
  2. Função linear e proporcionalidade, 203

UNIDADE 11: Função quadrática 209
  1. Conceito inicial, 209
  2. Gráfico da função quadrática, 214
  3. Estudo do gráfico de uma função quadrática, 225
  4. Análise do gráfico de uma função quadrática, 234
  5. Inequações do 2º grau, 239

UNIDADE 12: Figuras geométricas não planas e volumes 243
  1. Figuras geométricas não planas, 243
  2. Poliedros, 243
  3. Projeção ortogonal, 245
  4. Volume de um prisma, 246
  5. Volume de uma pirâmide, 246
  6. Volume do cilindro, 247
  7. Volume do cone, 248

PROGRAMA DE RESOLUÇÃO DE PROBLEMAS 249

CONHEÇA O SEU CADERNO DE ATIVIDADES

Este caderno foi produzido com o objetivo de ajudá-lo a compreender melhor os conteúdos estudados nas unidades do seu livro de Matemática. As atividades aqui propostas exploram a compreensão de alguns conceitos e incentivam a prática de alguns procedimentos.

RECORDE
Esta seção apresenta um resumo dos principais conceitos e procedimentos estudados em cada Parte.

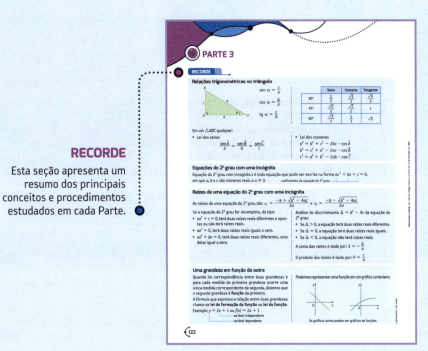

Para cada tema estudado no livro há uma seção de atividades para enriquecer ainda mais seu aprendizado.

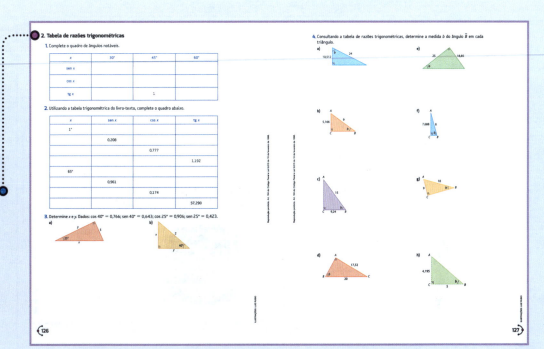

PROGRAMA DE RESOLUÇÃO DE PROBLEMAS

Esta seção tem o objetivo de apresentar diversas estratégias para resolver um problema e de proporcionar a reflexão a respeito de cada etapa da resolução e sobre a resposta encontrada.

Desse modo, você aprende a ler, a interpretar e a organizar os dados de diversos problemas e enriquece seu repertório de estratégias para a resolução deles.

Este programa é desenvolvido em duas etapas: *Estratégia para conhecer* e *Problemas para resolver*.

Em *Estratégia para conhecer*, é demonstrada passo a passo a estratégia de resolução de um problema, o que lhe possibilitará solucionar os problemas sugeridos na próxima etapa.

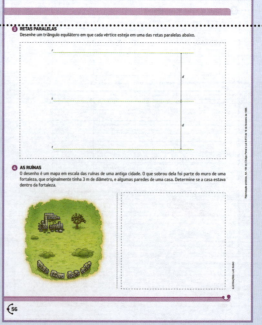

A etapa *Problemas para resolver* apresenta uma série de problemas em que você poderá aplicar as estratégias conhecidas na etapa anterior.

PARTE 1

RECORDE

Números

- Conjunto dos números naturais
$\mathbb{N} = \{0, 1, 2, 3, 4, 5, ...\}$

- Conjunto dos números inteiros
$\mathbb{Z} = \{..., -3, -2, -1, 0, 1, 2, 3, 4, 5, ...\}$

- Conjunto dos números racionais
$\mathbb{Q} = \left\{\dfrac{a}{b} \mid a \in \mathbb{Z}, b \in \mathbb{Z}, b \neq 0\right\}$

- Conjunto dos números reais
$\mathbb{R}$ é o conjunto que reúne todos os números racionais e todos os números irracionais.

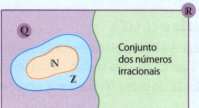

Potenciação

- **Potência com expoente natural**

A potência de um número real a, com expoente n natural ($n > 1$), é:

$$a^n = \underbrace{a \cdot a \cdot ... \cdot a}_{n \text{ fatores}}$$

Quando $n = 1$, $a^1 = a$.
Quando $n = 0$, $a^0 = 1$, com $a \neq 0$.

- **Potência com expoente inteiro negativo**

A potência de um número real a, não nulo, com expoente inteiro negativo $-n$ (em que n é um número natural diferente de zero), é:

$$a^{-n} = \dfrac{1}{a^n} = \left(\dfrac{1}{a}\right)^n, \text{ com } a \neq 0$$

- **Potência com expoente fracionário**

De modo geral, podemos dizer que $a^{\frac{m}{n}} = \sqrt[n]{a^m}$ para todo $a \in \mathbb{R}_+^*$, $m \in \mathbb{Z}$ e $n \in \mathbb{N}$, com $n \geq 2$.

Propriedades das potências

Considerando as bases a e b números reais positivos e os expoentes m e n números inteiros, temos:

- Produto de potências de mesma base:
$a^m \cdot a^n = a^{m+n}$

- Quociente de potências de mesma base:
$a^m : a^n = a^{m-n}$

- Potência de potência: $(a^m)^n = a^{m \cdot n}$
- Potência de produto: $(a \cdot b)^m = a^m \cdot b^m$
- Potência de quociente: $(a : b)^m = a^m : b^m$

Radiciação

- A raiz enésima de um número real a é assim representada:

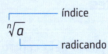

Sendo a um número maior ou igual a zero e n um número natural maior ou igual a 2.

- Quando o índice da raiz enésima é par, a raiz enésima de um número real a ($a \geq 0$) é um número real b ($b \geq 0$) tal que $b^n = a$:

$$\sqrt[n]{a} = b \text{ se e somente se } b^n = a$$

- Quando o índice da raiz enésima é ímpar, a raiz enésima de um número real a é um número real b tal que $b^n = a$:

$$\sqrt[n]{a} = b \text{ se e somente se } b^n = a$$

Propriedades dos radicais

- 1ª propriedade: $\sqrt[n]{a^n} = a$, para todo $a \in \mathbb{R}_+$ e $n \in \mathbb{N}$, $n \geq 2$.
- 2ª propriedade: $\sqrt[n]{a^m} = \sqrt[n:p]{a^{m:p}}$, para todo $a \in \mathbb{R}_+$, $m \in \mathbb{Z}$ e $n \in \mathbb{N}$, com $n \geq 2$, sendo p um número diferente de zero e divisor comum de m e de n.
- 3ª propriedade: $\sqrt[n]{a \cdot b} = \sqrt[n]{a} \cdot \sqrt[n]{b}$, para todo $a \in \mathbb{R}_+$, $b \in \mathbb{R}_+$ e $n \in \mathbb{N}$, com $n \geq 2$.
- 4ª propriedade: $\sqrt[n]{\dfrac{a}{b}} = \dfrac{\sqrt[n]{a}}{\sqrt[n]{b}}$, para todo $a \in \mathbb{R}_+$, $b \in \mathbb{R}_+^*$ e $n \in \mathbb{N}$, com $n \geq 2$.

Circunferência e círculo

Circunferência é a figura plana formada por todos os pontos de um plano que distam igualmente de um ponto fixo desse plano. O ponto fixo é o centro da circunferência, e a distância, a medida do raio.

Círculo é a região do plano formada por uma circunferência e sua região interna.

circunferência

região interna

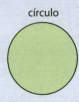
círculo

Posições relativas

- De um ponto em relação a uma circunferência

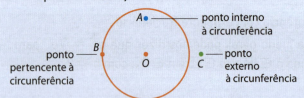

- De uma reta em relação a uma circunferência

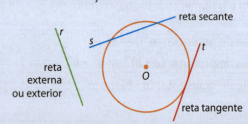

- Entre duas circunferências

Circunferências tangentes

Circunferências externas e internas
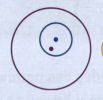

Circunferências secantes

Circunferências concêntricas

Propriedades das retas secantes e tangentes

- **Propriedade da reta secante**

    Toda reta que é perpendicular a uma secante e passa pelo centro da circunferência cruza o ponto médio da corda determinada pela secante.

- **Propriedade da reta tangente**

    Toda reta tangente é perpendicular ao raio da circunferência no ponto de tangência.

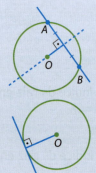

Posições relativas entre duas circunferências

- Duas circunferências são tangentes exteriores se têm apenas um ponto em comum e se a distância entre seus centros é igual à soma das medidas de seus raios.

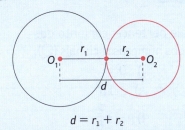

$d = r_1 + r_2$

- Duas circunferências são internas se não têm pontos em comum e se a distância entre seus centros é menor que a diferença entre as medidas de seus raios $(r_1 > r_2)$.

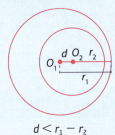

$d < r_1 - r_2$

- Duas circunferências são secantes se têm dois pontos em comum.

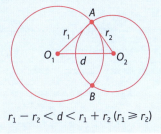

$r_1 - r_2 < d < r_1 + r_2 \ (r_1 \geq r_2)$

- Duas circunferências são tangentes interiores se têm apenas um ponto em comum e se a distância entre seus centros é igual à diferença entre as medidas de seus raios.

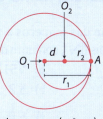

$d = r_1 - r_2 \ (r_1 > r_2)$

- Duas circunferências são externas se não têm pontos em comum e se a distância entre seus centros é maior que a soma das medidas de seus raios.

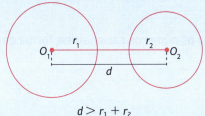

$d > r_1 + r_2$

Duas circunferências são concêntricas se uma é interna à outra e se as duas têm o mesmo centro. Na figura abaixo, os pontos O_1 e O_2 são coincidentes (indicamos $O_1 \equiv O_2$).

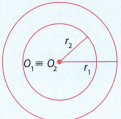

Arco de circunferência

Dois pontos distintos, A e B, de uma circunferência dividem-na em duas partes. Cada uma dessas partes é denominada **arco de circunferência**.

Ângulo central de uma circunferência é qualquer ângulo cujo vértice seja o centro da circunferência.

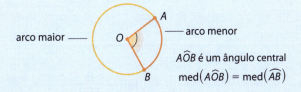

$A\widehat{O}B$ é um ângulo central
$\text{med}(A\widehat{O}B) = \text{med}(\widehat{AB})$

Ângulo inscrito

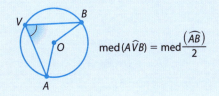

$\text{med}(A\widehat{V}B) = \text{med}\dfrac{(\widehat{AB})}{2}$

UNIDADE 1 Números reais

1. Números naturais, números inteiros e números racionais

1. Associe cada um dos números a seguir ao conjunto numérico a que ele pertence: conjunto dos números naturais ($\mathbb{N}$), conjunto dos números inteiros ($\mathbb{Z}$) ou conjunto dos números racionais ($\mathbb{Q}$).

a) -5
b) $1,\overline{2}$
c) $-\dfrac{1}{2}$
d) $\sqrt[3]{512}$
e) $5,2$
f) $5\dfrac{1}{3}$
g) $-15,8$
h) $\sqrt{144}$
i) $-0,1\overline{3}$
j) 0
k) -15^2
l) $-3\dfrac{2}{6}$

2. Escreva os números racionais na forma decimal.

a) $\dfrac{2}{9}$

b) $\dfrac{215}{100}$

c) $-\dfrac{12}{11}$

d) $3\dfrac{2}{5}$

e) $\dfrac{50}{3}$

f) $\dfrac{2.320}{200}$

g) $-\dfrac{14}{24}$

h) $-\dfrac{8}{100}$

3. Encontre a fração geratriz de cada dízima periódica.

a) $8,\overline{3}$

b) $14,1\overline{6}$

c) $0,8\overline{3}$

d) $1,2\overline{4}$

e) $0,\overline{14}$

f) $1,\overline{5}$

4. Com a calculadora, confira as respostas das atividades 2 e 3.

2. Números irracionais

1. Identifique quais dos números a seguir são irracionais.

a) $\dfrac{x}{2}$ c) $0,14\overline{7}$ e) $\sqrt[3]{8}$ g) 2π i) $\sqrt{5}$

b) $\sqrt{144}$ d) $-\sqrt{64}$ f) $0,1\overline{2}$ h) $-\dfrac{25}{4}$ j) $-5\sqrt{3}$

2. Para se exercitar, Joana vai ao parque e caminha em uma pista de formato circular de raio medindo 100 metros. De segunda a sexta, por dia, ela dá 8 voltas nessa pista. Considerando $\pi = 3{,}14$, calcule:

a) Quantos metros Joana percorre por dia?

b) De segunda a sexta, em metros, ela percorre mais ou menos do que 25 quilômetros?

3. O raio da bicicleta de Bruna mede 35 cm, e o da Marisa tem 31 cm. Faça o que se pede.

a) Determine o comprimento da roda da bicicleta de Bruna.

b) Determine o comprimento da roda da bicicleta de Marisa.

c) Qual é a diferença, em centímetros, entre o comprimento dessas rodas?

3. Números reais

1. Escreva três exemplos de números irracionais.

2. Observe cada reta numérica, dividida em partes iguais, e identifique o número correspondente a cada quadradinho.

a)

b)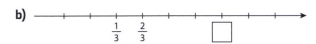

c)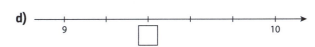

d)

3. Represente os números abaixo em uma mesma reta numérica.

π -2π $\dfrac{\pi}{2}$ 5π

4. Escreva entre quais números inteiros consecutivos encontram-se cada um dos seguintes números:

a) $\sqrt{2}$

b) $-\sqrt{3}$

c) $2\sqrt{2}$

d) $-\dfrac{\sqrt{7}}{2}$

UNIDADE 2 Potenciação e radiciação

1. Recordando potências

1. Os conceitos de potência estão organizados no esquema abaixo. Escreva o desenvolvimento de cada potência e dê um exemplo para cada caso.

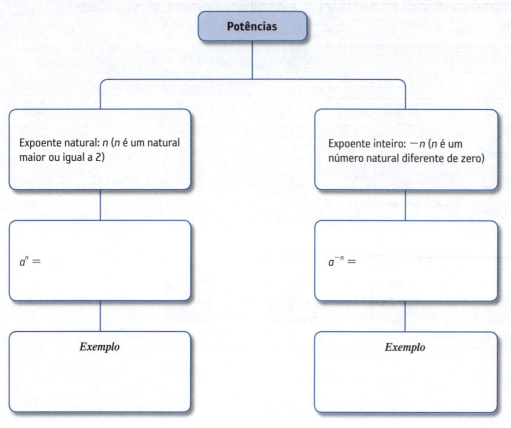

2. Calcule as potências.

a) 2^3

b) 16^0

c) $(-4)^3$

d) $(-3)^2$

e) $(-2)^5$

f) $\left(\dfrac{1}{4}\right)^2$

g) $\left(\dfrac{3}{5}\right)^3$

h) $\left(-\dfrac{3}{10}\right)^1$

i) 10^{10}

3. Calcule as potências de expoente negativo.

a) 4^{-2}

b) 2^{-3}

c) $(-5)^{-2}$

d) $(-3)^{-1}$

e) 5^{-2}

f) $(-4)^{-4}$

g) $\left(\dfrac{1}{4}\right)^{-2}$

h) $\left(\dfrac{2}{3}\right)^{-3}$

i) $\left(-\dfrac{2}{3}\right)^{-4}$

j) $\left(-\dfrac{4}{5}\right)^{-3}$

k) 10^{-2}

l) $\left(\dfrac{1}{100}\right)^{-1}$

4. Escreva a fração na forma de potência com expoente negativo e base 2.

$\dfrac{8}{512}$

5. Escreva as potências em ordem crescente.

2^5 2^{-3} $0{,}2^4$ $0{,}002^0$ 2^1 2^{-1}

6. Escreva a fração na forma de potência com expoente negativo.

a) $\dfrac{625}{81}$

b) $\dfrac{256}{2.401}$

7. (Fuvest-SP) Qual é o valor de $(0{,}2)^3 + (0{,}16)^2$?

8. Complete as propriedades de potências com expoentes inteiros.

a) $a^m \cdot a^n = $ _____

b) $a^m : a^n = $ _____

c) $(a^m)^n = $ _____

d) $(a \cdot b)^m = $ _____

e) $(a : b)^m = $ _____ para $b \neq 0$

9. Observe as potências e identifique a propriedade empregada.

a) $(14 \cdot 2)^3 = 14^3 \cdot 2^3$ _____

b) $18^4 : 18^2 = 18^2$ _____

c) $(42^{12})^4 = 42^{48}$ _____

d) $(351 : 25)^{31} = 351^{31} : 25^{31}$ _____

e) $100^3 \cdot 100^7 = 100^{10}$ _____

f) $51^{12} : 51^5 = 51^7$ _____

10. Simplifique as expressões e calcule-as.

a) $(0,5)^2 \cdot (0,5)^3 \cdot (0,5)^{-1}$

b) $(0,4)^2 : (0,4)^3$

c) $(0,79)^8 : (0,79)^7 \cdot (0,79)^{-1}$

d) $[(-1)^2]^3 \cdot (-1)$

e) $\left(\dfrac{1}{8}\right)^{-2} \cdot 8^3 \cdot \left(\dfrac{1}{8}\right)^4$

f) $[(2)^3 \cdot (2^2)^3 : (2^{-3})^{-3} \cdot 2^3]^{-1}$

11. Simplifique as expressões até obter uma única potência.

a) $(2^3 \cdot 4^4 : 16^2)^{-1}$

b) $(2^5 \cdot 4^3 : 8^{-2})^{-2}$

12. Escreva as medidas em notação científica.

a) 200 mil quilômetros

b) 15 bilhões de anos

c) 0,0003 metro

d) 6 mil graus Celsius

13. Escreva as distâncias rodoviárias entre as cidades em forma de notação científica.

Cidades	Distância em km	Potência
De São Paulo-SP a Natal-RN	2.947	
De Belo Horizonte-MG a Brasília-DF	716	
De Palmas-TO a Bagé-RS	3.100	
De Recife-PE a São Paulo-SP	2.660	
De Curitiba-PR a Aracaju-SE	2.595	

14. Escreva cada número a seguir em notação científica.

   a) 5,68 bilhões

   b) 90 milhões

   c) 800 milhões

2. Raiz enésima de um número real

1. Complete a explicação da raiz quadrada de um número real.

> A raiz quadrada de um número real é um número positivo que, elevado ao _____, resulta no primeiro número.

2. Complete o esquema sobre a raiz quadrada de um número real.

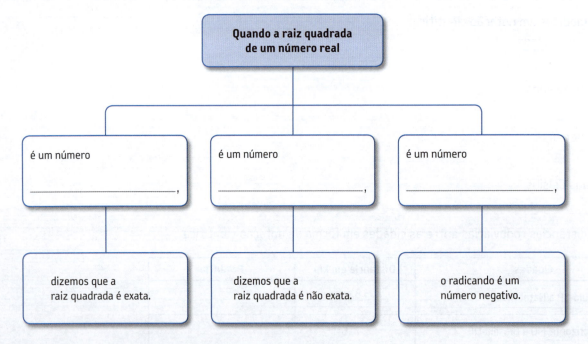

3. Complete a explicação da raiz cúbica de um número real.

> A raiz cúbica de um número real é um número que, elevado ao _____, resulta no primeiro número.

4. Complete o esquema sobre a raiz cúbica de um número real.

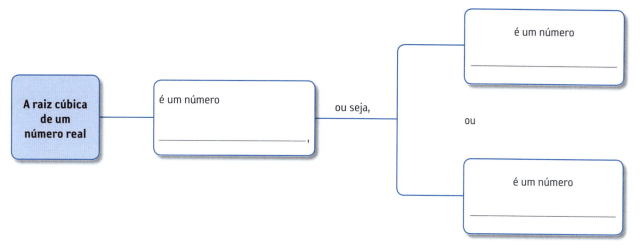

5. Descreva, nos quadros, os procedimentos para calcular uma raiz enésima (com índice n, um número natural, sendo $n \geq 2$).

Índice par	Índice ímpar

- Agora escreva a diferença entre os procedimentos acima.

6. Calcule as raízes a seguir.

a) $\sqrt{16}$

b) $\sqrt[5]{32}$

c) $\sqrt[4]{16}$

d) $-\sqrt[4]{81}$

e) $\sqrt[3]{-27}$

f) $\sqrt[3]{-1.000}$

g) $\sqrt[3]{3.375}$

h) $-\sqrt{6.561}$

i) $\sqrt[8]{\dfrac{1}{256}}$

j) $\sqrt[5]{\dfrac{1}{1.024}}$

7. Simplifique $\sqrt{2.352}$, aplicando as propriedades dos radicais.

8. Usando uma calculadora, determine, em cada caso, a raiz aproximada até os centésimos por falta e por excesso.

a) $\sqrt{20}$

b) $\sqrt{18}$

c) $\sqrt{362}$

d) $\sqrt{40}$

9. Determine a medida do lado do quadrado e da aresta do cubo, de acordo com os dados a seguir.

Área do quadrado = 2.209 m²

Volume do cubo = 2.197 m³

10. Calcule o valor de cada expressão.

a) $\sqrt{9} + 5\sqrt{4} - 3\sqrt[4]{16}$

b) $5\sqrt{4} \cdot 2\sqrt[3]{343} : 1\sqrt[4]{10.000}$

c) $3\sqrt{16} - 2\sqrt[3]{27} + 3\sqrt[4]{81}$

d) $7\sqrt{4} + 2\sqrt[3]{8} + 1\sqrt[4]{1}$

11. Um cubo de volume 512 cm³ foi montado com 64 cubos idênticos. Determine a medida da aresta dos cubos menores.

12. Coloque os números em ordem crescente.

$\dfrac{3}{2}$ $\sqrt{10}$ $\sqrt[3]{8}$ 0^{15} $\sqrt{2}$ $\dfrac{6}{12}$ $\sqrt[4]{81}$ $\sqrt[6]{1}$

13. Complete as igualdades referentes às propriedades dos radicais.

> **1ª propriedade:** $\sqrt[n]{a^n} = $ _____
> sendo $a \in \mathbb{R}_+$ e $n \in \mathbb{N}$, com $n \geq 2$.

> **2ª propriedade:** $\sqrt[n]{a^m} = $ _____
> sendo $a \in \mathbb{R}_+$ e $n \in \mathbb{N}$, com $n \geq 2$, e sendo p um número diferente de zero e divisor comum de m e n.

> **3ª propriedade:** $\sqrt[n]{a \cdot b} = $ _____
> sendo $a \in \mathbb{R}_+$, $b \in \mathbb{R}_+$ e $n \in \mathbb{N}$, com $n \geq 2$.

> **4ª propriedade:** $\sqrt[n]{\dfrac{a}{b}} = $ _____
> sendo $a \in \mathbb{R}_+$, $b \in \mathbb{R}_+^*$ e $n \in \mathbb{N}$, com $n \geq 2$.

14. As propriedades apresentadas na atividade anterior são válidas para $a \geq 0$. Complete a frase com a característica do índice que permite estender essas propriedades para $a < 0$.

> Quando o índice do radical for _____, as propriedades são válidas para $a < 0$.

15. Empregue uma das propriedades dos radicais para determinar o valor de cada radical.

a) $\sqrt{7^2}$

b) $\sqrt[3]{5^3}$

c) $\sqrt[6]{75^6}$

d) $\sqrt[7]{87^7}$

e) $\sqrt[4]{2.002^4}$

f) $\sqrt[5]{(5 \cdot 6)^5}$

g) $\sqrt[35]{(105 \cdot 2)^{35}}$

h) $\sqrt[3]{(-38)^3}$

i) $\sqrt[99]{(45 \cdot 3)^{99}}$

j) $\sqrt[7]{(-15)^7}$

16. Aplique uma das propriedades dos radicais para simplificar cada radical.

a) $\sqrt[6]{10^3}$

b) $\sqrt[10]{2^5}$

c) $\sqrt[40]{6^8}$

d) $\sqrt[75]{631^{25}}$

e) $\sqrt[8]{33^{12}}$

f) $\sqrt[33]{17^{11}}$

17. Aplique uma das propriedades dos radicais para escrever cada expressão como produto de radicais.

a) $\sqrt{3 \cdot 5}$

b) $\sqrt[6]{8 \cdot 5^3}$

c) $\sqrt[5]{(-3) \cdot 11}$

d) $\sqrt[3]{4^2 \cdot 6}$

18. Empregue uma das propriedades dos radicais para escrever cada expressão como quociente de radicais.

a) $\sqrt{\dfrac{2}{5}}$
b) $\sqrt[3]{\dfrac{3}{7}}$
c) $\sqrt[5]{\dfrac{1}{9}}$

19. Decomponha os radicandos em fatores primos e simplifique os radicais.

a) $\sqrt{20}$
b) $\sqrt{72}$

20. Considerando $\sqrt{2} = 1{,}41$ e $\sqrt{3} = 1{,}73$, calcule o valor de cada expressão.

a) $\sqrt{50}$
b) $\sqrt{200}$
c) $\sqrt{72}$
d) $\sqrt{48}$
e) $\sqrt{27}$
f) $\sqrt{98}$

21. Considerando x e y números reais positivos, simplifique os radicais.

a) $\sqrt{x^4 y^3}$

b) $\sqrt[3]{x^3 y^4}$

c) $\sqrt[5]{x^6 y^6}$

d) $\sqrt[4]{x^3 y^4}$

22. Simplifique a expressão

$$\sqrt[3]{\frac{600.000 \cdot 0,000009}{0,002 \cdot 2,7}}$$

23. Transforme em um único radical.

a) $\sqrt[3]{\sqrt{128}}$

b) $\sqrt{\sqrt[3]{1.458}}$

c) $\sqrt{\sqrt{400}}$

d) $\sqrt{\sqrt{720}}$

24. Usando as propriedades dos radicais, determine:

a) a raiz quadrada exata de 4.096;

b) a raiz cúbica exata de 19.683;

c) a raiz oitava de 6.561;

d) a raiz quarta de 2.401.

3. Operações com radicais

1. Calcule.

a) $\sqrt{16} + \sqrt{25}$

b) $-\sqrt{49} + \sqrt{36}$

c) $-\sqrt{100} + \sqrt{144}$

d) $\sqrt[3]{125} - \sqrt{256} + \sqrt[3]{8.000}$

2. Efetue as operações.

a) $2\sqrt{10} + 5\sqrt{10}$

b) $7\sqrt{3} + 2\sqrt{3} - 3\sqrt{3}$

c) $2\sqrt{8} + \sqrt{72} - \sqrt{450}$

d) $4\sqrt[3]{40} - 3\sqrt[3]{135} + 2\sqrt[3]{320}$

e) $5\sqrt{12} + 3\sqrt{27} - 2\sqrt{48}$

f) $\sqrt{7} + 5\sqrt{343}$

g) $\sqrt[4]{50.000} + 2\sqrt[4]{1.280}$

h) $\sqrt[3]{648} - \sqrt[3]{192}$

3. Determine o perímetro do quadrilátero. Considere $\sqrt{3} = 1{,}73$.

Trapézio com lados: $\sqrt{48}$, $2\sqrt{3}$ (topo), $\sqrt{27}$, $2\sqrt{12}$ (base).

4. Efetue as operações.

a) $\sqrt{8} \cdot \sqrt{11}$

b) $\sqrt{4} \cdot \sqrt{5}$

c) $\sqrt[3]{3} \cdot \sqrt[3]{5}$

d) $\sqrt[6]{9} \cdot \sqrt[6]{12}$

e) $\sqrt[4]{2} \cdot \sqrt[4]{7}$

f) $\sqrt[3]{5} \cdot \sqrt[3]{27} \cdot \sqrt[3]{2}$

g) $\sqrt[4]{800} : \sqrt[4]{2}$

h) $\sqrt{480} : \sqrt{12}$

5. Efetue as operações.

a) $\sqrt{4} \cdot \sqrt[3]{4}$

b) $\sqrt{5} \cdot \sqrt[3]{5}$

c) $\sqrt{8} : \sqrt[3]{8}$

d) $\sqrt[3]{3^2} : \sqrt[4]{3}$

6. Calcule a área e o perímetro dos retângulos.

a)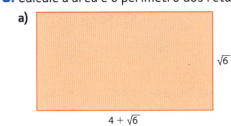

b)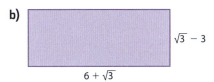

7. Qual é a forma mais simples de escrever a expressão $\dfrac{\left(6\sqrt{3} + 5\sqrt{18}\right) \cdot \left(2\sqrt{48} + \sqrt{128}\right)}{24}$?

8. Calcule.

a) $\left(\sqrt{2}\right)^5$

b) $\left(3\sqrt[3]{4}\right)^2$

c) $\left(2\sqrt{3}\right)^3$

d) $\left(2\sqrt[4]{9}\right)^2$

e) $\left(\sqrt[3]{\dfrac{16}{9}}\right)^2$

f) $\left(\sqrt{\dfrac{3}{8}}\right)^3$

g) $\left(4\sqrt{2x+3}\right)^2$

h) $\left(\sqrt{\dfrac{7}{9}}\right)^3$

9. Determine o volume de cada paralelepípedo.

a)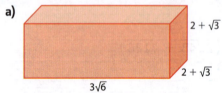

b)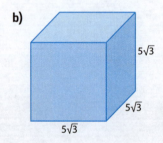

10. Observe os paralelepípedos da atividade anterior e determine:

a) a área da face retangular do paralelepípedo vermelho;

b) a área da face do paralelepípedo azul.

4. Racionalização de denominadores

1. Racionalize o denominador das frações.

a) $\dfrac{\sqrt{7}}{\sqrt{5}}$

b) $\dfrac{\sqrt{2}}{\sqrt{3}}$

c) $\dfrac{3}{2\sqrt{3}}$

d) $\dfrac{3\sqrt{5}}{2\sqrt{2}}$

e) $\dfrac{16}{\sqrt{8}}$

f) $\dfrac{7}{2+\sqrt{5}}$

g) $\dfrac{20}{4-\sqrt{6}}$

h) $\dfrac{1-\sqrt{5}}{2\sqrt{5}}$

2. (Fuvest-SP) Encontre o valor da expressão.

$$\frac{2}{\sqrt{5}+\sqrt{3}} - \frac{2}{\sqrt[3]{2}}$$

3. Considerando $\sqrt{5} \simeq 2,25$ e $\sqrt{3} \simeq 1,75$, determine o valor aproximado das expressões.

a) $\dfrac{8}{\sqrt{5}-\sqrt{3}}$

b) $\dfrac{12}{\sqrt{5}+\sqrt{3}}$

4. O comprimento de uma circunferência é $6 + 3\sqrt{3}$, e o de outra é $4 + \sqrt{3}$, ambos na mesma unidade de medida. Determine a razão entre esses comprimentos.

5. (Fuvest-SP) O valor da expressão $\dfrac{2-\sqrt{2}}{\sqrt{2}-1}$ é:

a) $\sqrt{2}$ b) $\dfrac{1}{\sqrt{2}}$ c) 2   d) $\dfrac{1}{2}$ e) $\sqrt{2}+1$

6. Determine o número que satisfaz a expressão $\dfrac{9}{\sqrt{12}} - \dfrac{6}{\sqrt{48}} = x\sqrt{3}$.

5. Potência com expoente fracionário

1. Expresse cada radical na forma de potência com expoente fracionário.

a) $\sqrt[3]{4^5}$

f) $\sqrt[9]{12^7}$

b) $\sqrt[5]{3^4}$

g) $\sqrt[8]{2^5}$

c) $\sqrt[5]{10}$

h) $\sqrt[7]{9^2}$

d) $\sqrt[3]{8^2}$

i) $\sqrt{\left(\dfrac{3}{7}\right)^3}$

e) $\sqrt[3]{4^2 \cdot 4^3}$

j) $\sqrt{2 + x}$, com $x \geqslant -2$

2. Calcule.

a) $8^{\frac{1}{3}}$

b) $9^{\frac{1}{2}}$

c) $1.000^{\frac{1}{3}}$

d) $81^{-\frac{1}{2}}$

e) $243^{-\frac{1}{5}}$

f) $8^{\frac{5}{3}}$

g) $64^{\frac{2}{3}}$

h) $16^{\frac{1}{2}}$

3. Calcule o valor das potências.

a) $16^{0,25}$

b) $100^{0,5}$

6. Recordando porcentagem

1. Calcule as porcentagens de cada item.

a) 18% de 150

b) 5% de R$ 1.280,00

c) 75% de 4.000 escolas

d) 225% de 67

2. No início da primavera houve uma liquidação de roupas de inverno na loja onde Rogério trabalha. Observe algumas peças que estavam com diferentes descontos.

De acordo com as informações da vitrine, determine:

a) o desconto, em reais, da peça com maior desconto percentual.

b) o desconto percentual da peça com menor desconto em reais.

3. Como parte de um projeto de expansão, uma escola de Ensino Fundamental II ampliou suas instalações. Observe no quadro a seguir a quantidade de vagas oferecida para cada ano, antes e depois da ampliação.

	Antes da ampliação	Após a ampliação
6º ano	160	176
7º ano	120	180
8º ano	140	182
9º ano	180	212

- Agora, assinale apenas as afirmações verdadeiras em relação a essa escola.
    a) Houve, no total, um aumento de 25% das vagas.
    b) No 7º ano houve um aumento de 50% das vagas.
    c) No 8º ano houve um aumento de 12% das vagas.

4. Priscila escolheu uma aplicação que rende 0,6% ao mês para fazer um investimento. Ela aplicou inicialmente R$ 15.000,00. O objetivo de Priscila era conseguir, no período de 10 meses, um rendimento de no mínimo R$ 1.000,00.
Ela conseguiu atingir seu objetivo? Use uma calculadora para justificar sua resposta.

5. Determinado produto sofreu um acréscimo de 10%. Um mês depois, esse mesmo produto sofreu um novo acréscimo de 10%. Qual é o percentual necessário para obter o mesmo acréscimo de uma única vez?

UNIDADE 3 Circunferência

1. Circunferência e círculo

1. Com o compasso, construa uma circunferência de centro O:

a) e diâmetro de medida 3 cm.

b) e raio de medida 4,5 cm.

c) e raio de medida 2 cm e uma corda de medida 2 cm.

2. Na figura, imagine que o ponto B percorre toda a circunferência. Que figuras os segmentos $\overline{OA}$, $\overline{AB}$ e $\overline{OB}$ podem formar?

3. Determine a medida do diâmetro de uma circunferência sabendo que seu raio mede:

a) 17,2 cm: _____

b) 0,65 cm: _____

4. O diâmetro de uma circunferência mede 20 cm, e seu raio, $2x + 5$. Descubra a medida x, em centímetro.

5. O diâmetro de uma circunferência mede $3x + 4$, e seu raio, $x + 8$. Descubra quais são essas medidas em centímetro.

6. Qual é a diferença entre circunferência e círculo?

_____

_____

_____

_____

7. Observe o círculo e escreva os nomes dos segmentos.

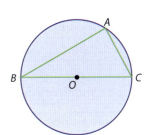

a) $\overline{AB}$: _____.

b) $\overline{AC}$: _____.

c) $\overline{OB}$: _____.

d) $\overline{OC}$: _____.

e) $\overline{BC}$: _____.

8. Classifique cada uma das afirmações em V (verdadeira) ou F (falsa).

a) Todos os pontos da circunferência de um círculo pertencem ao círculo. ☐

b) Em um círculo de diâmetro 5,5 cm, o raio mede 11 cm. ☐

c) Em um círculo de raio 3,5 cm, o diâmetro mede 7 cm. ☐

9. Observe a figura e preencha o quadro com as medidas de raio e diâmetro. Você precisará de uma régua.

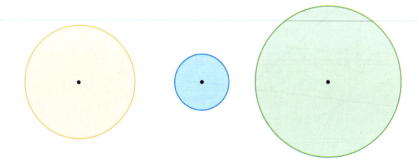

	Círculo amarelo	Círculo azul	Círculo verde
Raio			
Diâmetro			

2. Posições relativas

1. Observe a figura e responda às questões.

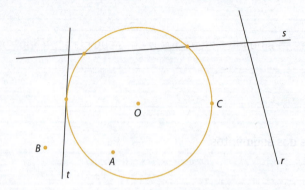

a) Que nome cada reta recebe de acordo com sua posição em relação à circunferência?

_____

_____

_____

b) Que nome cada ponto recebe de acordo com sua posição em relação à circunferência?

_____

_____

_____

_____

2. Observe a figura e complete as frases.

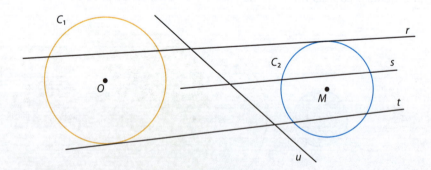

a) A reta r é _____ à circunferência C_2.

b) A reta t é tangente à circunferência _____.

c) A reta s é _____ à circunferência C_2.

d) Em relação às circunferências C_1 e C_2, a reta _____ é externa.

e) As retas _____ são secantes à circunferência C_2.

3. Com o auxílio de régua e compasso, construa o que se pede.

  a) uma circunferência e três pontos: *A*, externo à circunferência; *B*, interno à circunferência; e *C*, pertencente à circunferência;

  b) uma circunferência e três retas: uma reta *t* tangente, uma reta *s* secante e uma reta *r* externa à circunferência.

4. Leia as propriedades e observe as figuras. Depois, com base nas propriedades e nas figuras, complete as frases.

> **Propriedade da reta secante**
> Toda reta que é perpendicular a uma secante e passa pelo centro da circunferência cruza o ponto médio da corda determinada pela secante.

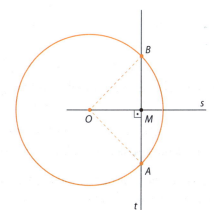

- A medida de $\overline{BM}$ é igual à _____.

> **Propriedade da reta tangente**
> Toda reta tangente é perpendicular ao raio da circunferência no ponto de tangência.

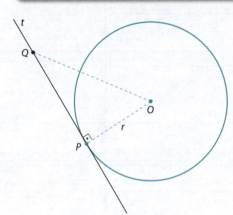

• O triângulo *OPQ* é _____.

5. Determine a medida *x* nas figuras.

a)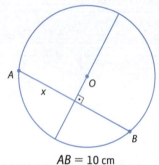

AB = 10 cm

b) A reta *t* é tangente à circunferência no ponto *P*.

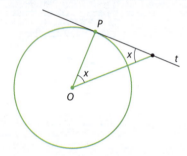

6. Considere uma circunferência de centro *O* e diâmetro *D*. Sabendo que a distância do centro *O* dessa circunferência a uma reta *r* é *d*, determine a posição relativa da reta *r* em relação à circunferência em cada caso.

a) $d = 5$ cm e $D = 14$ cm: _____

b) $d = 8$ cm e $D = 16$ cm: _____

c) $d = 15$ cm e $D = 24$ cm: _____

7. Responda às questões.

a) Se *A* é um ponto interno a uma circunferência de raio com medida igual a 8 cm, qual é a distância de *A* ao centro dessa circunferência?

_____

b) A distância de um ponto *B* ao centro de uma circunferência é igual a 4 cm. Se esse ponto é externo à circunferência, quanto mede o raio dessa circunferência?

_____

c) Qual é a distância entre duas retas paralelas não coincidentes, tangentes a uma circunferência de raio com medida igual a 3,8 cm?

d) A distância entre o centro de uma circunferência de raio medindo 5,75 cm e uma reta tangente a essa circunferência pode ser zero? Justifique sua resposta.

8. Escreva a posição relativa entre os seguintes pares de circunferências.

a)

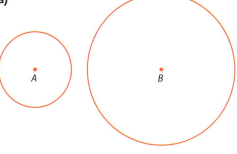

c)

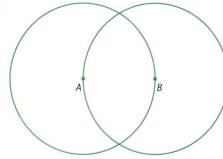

b)

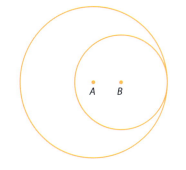

d)

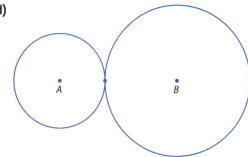

9. Construa duas circunferências concêntricas de modo que o raio de uma meça o dobro do raio da outra.

10. Classifique cada sentença em V (verdadeira) ou F (falsa).

a) Duas circunferências são tangentes exteriores se têm apenas um ponto em comum e se a distância entre seus centros é igual à soma das medidas de seus raios. ☐

b) Duas circunferências são tangentes interiores se têm apenas um ponto em comum e se a distância entre seus centros é igual à soma das medidas de seus raios. ☐

c) Duas circunferências são internas se não têm pontos em comum e se a distância entre seus centros é maior que a diferença entre as medidas de seus raios. ☐

d) Duas circunferências são secantes se têm dois pontos em comum. ☐

e) Duas circunferências são externas se não têm pontos em comum e se a distância entre seus centros é maior que a soma das medidas de seus raios. ☐

f) Duas circunferências são concêntricas se uma é interna à outra e se as duas têm o mesmo centro. ☐

11. Considere duas circunferências, uma de centro O_1 e raio medindo 10 cm e outra de centro O_2 e raio medindo 18 cm. Nessas condições, determine a posição relativa dessas duas circunferências quando a distância entre os centros O_1 e O_2 for:

a) 28 cm: _____

b) 8 cm: _____

c) 30 cm: _____

d) 20 cm: _____

e) 0 cm: _____

12. Observe as circunferências e responda às questões.

a) Quais circunferências são tangentes à circunferência C_4? _____

b) Quais circunferências são secantes à circunferência C_3? _____

c) Qual é a posição relativa entre as circunferências C_1 e C_2? _____

d) Qual é a posição relativa entre as circunferências C_5 e C_3? _____

13. Leia a propriedade e observe a figura. Depois, com base na propriedade e na figura, complete a frase.

> **Propriedade de segmentos tangentes a uma circunferência**
> Dois segmentos, $\overline{PA}$ e $\overline{PB}$, tangentes a uma circunferência nos pontos A e B são congruentes.

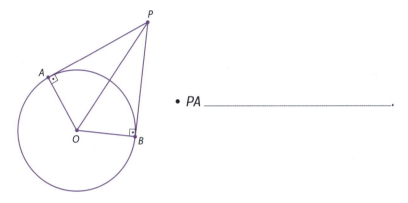

- PA _____ .

14. Determine o valor de x.

a)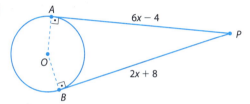

c)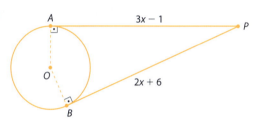

b)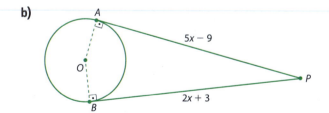

d)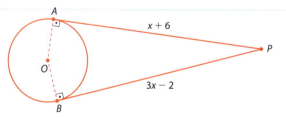

15. Com auxílio de régua, compasso e esquadro, construa uma figura semelhante à descrita na atividade anterior, porém considerando PB = 6 cm e o diâmetro da circunferência com 5 cm.

Para isso, siga estes passos:

1) Calcule a medida do raio da circunferência de centro O e trace-a.
2) Trace um raio $\overline{OA}$ qualquer e, com o esquadro, uma reta perpendicular a esse raio pelo ponto A. Marque um ponto P nessa perpendicular, distante 6 cm de A.
3) Com a ponta-seca do compasso em P e abertura PA, trace um arco que corta a circunferência em A e em B. Marque o ponto B e trace $\overline{PB}$.

O segmento $\overline{PB}$ é perpendicular ao raio $\overline{OB}$? Verifique com o esquadro.

16. Calcule o valor de x.

a)

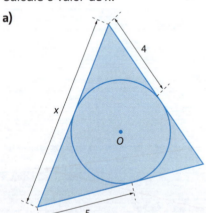

b)

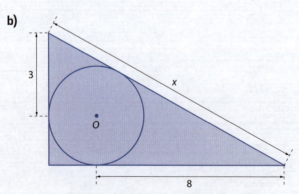

c)

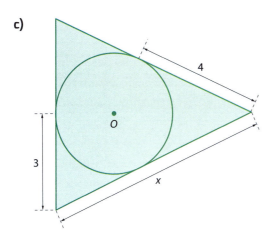

d)

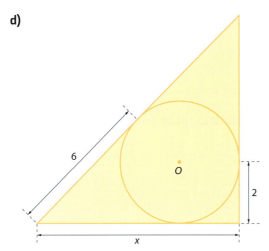

17. Calcule o valor de x sabendo que o perímetro do triângulo é 21 cm.

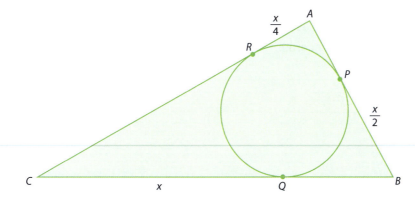

3. Ângulos na circunferência

1. Observe a figura e escreva a menor medida de cada arco.

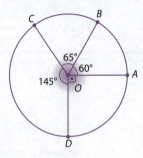

a) med $(\overarc{AB})$ = _____

b) med $(\overarc{BC})$ = _____

c) med $(\overarc{CD})$ = _____

d) med $(\overarc{DA})$ = _____

e) med $(\overarc{AC})$ = _____

f) med $(\overarc{DB})$ = _____

2. Na figura, determine, em grau, a medida do arco menor $\overarc{AB}$ e a medida do arco maior $\overarc{AXB}$.

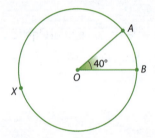

3. Na figura, x indica a medida do ângulo central associado ao arco menor $\overarc{AB}$ e y indica a medida do arco maior $\overarc{AXB}$. Determine o valor de y, em grau.

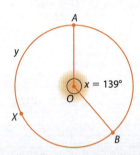

4. Sabendo que a, b, c e d são as medidas dos ângulos centrais indicados na figura, determine seus valores, em grau.

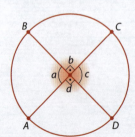

5. Observe a circunferência da atividade anterior e responda às questões.

   a) Quantas semicircunferências você consegue identificar?

   _____

   b) Quais são essas semicircunferências?

   _____

6. Escreva a relação entre as medidas dos ângulos destacados na figura.

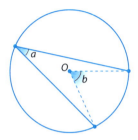

7. Determine, em grau, a medida x nas figuras.

   a)
   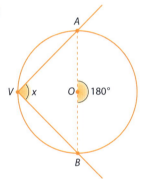

   d)
   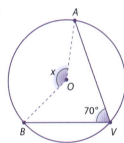

   b)
   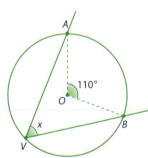

   e)
   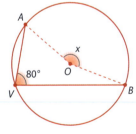

   c)
   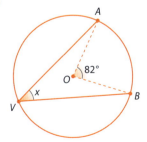

   f)
   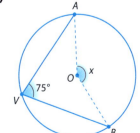

8. Determine, em grau e minuto, a medida x de cada ângulo central a seguir.

a)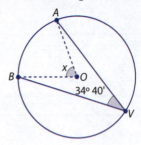

b)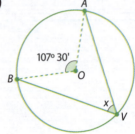

9. Responda às questões.

a) Se um ângulo inscrito numa circunferência mede 13°, qual é a medida do arco de circunferência compreendido entre seus lados?

_____

b) Se o arco de circunferência compreendido entre os lados de um ângulo inscrito $I\widehat{V}J$ tem medida igual a 37°, qual é a medida de $I\widehat{V}J$?

_____

c) Se um ângulo inscrito numa circunferência mede 82°, qual é a medida do arco de circunferência compreendido entre seus lados?

_____

10. Determine, em grau, a medida x na figura.

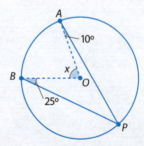

11. Determine, em grau, as medidas do ângulo inscrito e do ângulo central nas figuras.

a)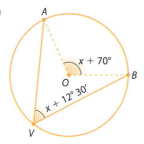

c)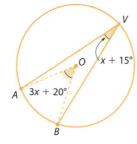

b)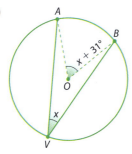

d)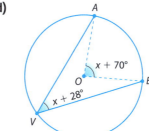

12. Sabendo que o arco $\widehat{AB}$ mede 120°, determine as medidas x, y e z indicadas na figura.

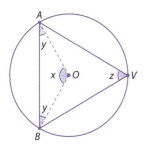

13. Determine, em grau, a medida de x.

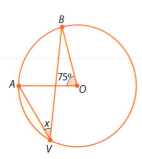

14. Observe o quadrilátero $ABCD$ inscrito na circunferência. Determine, em grau, a medida de x.

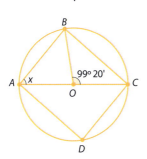

15. Com régua, compasso e transferidor, faça o que se pede.
- Construa uma circunferência com 4 cm de diâmetro.
- Marque o centro O.
- Marque os pontos A e B, de forma que med $(\stackrel{\frown}{AB}) = 180°$.
- Marque um ponto V qualquer na circunferência, sendo $A \neq V \neq B$.
- Trace os segmentos $\overline{AV}$ e $\overline{BV}$.
- Utilizando o transferidor, meça o ângulo $A\hat{V}B$ e indique sua medida no desenho.
- Converse com os colegas e, juntos, comparem as medidas que vocês obtiveram para o ângulo $A\hat{V}B$.

16. Na figura, $\overline{AB}$ é um diâmetro da circunferência e o ângulo $A\hat{V}B$ está inscrito em uma semicircunferência. Responda às questões.

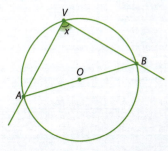

a) Qual é a medida, em grau, do arco $\stackrel{\frown}{AVB}$?

_____

b) Qual é a medida do ângulo central $A\hat{O}B$?

_____

c) Qual é a medida de x?

_____

d) Classifique o triângulo inscrito na semicircunferência.

_____

17. Determine, em grau, a medida do ângulo $A\hat{V}B$ inscrito em uma circunferência de centro O, sabendo que a medida de $A\hat{O}B$ corresponde à quarta parte de um ângulo inscrito em uma semicircunferência.

18. Determine, em grau, as medidas dos ângulos, sabendo que a medida de y corresponde ao dobro da medida de x e que $\overline{AB}$ é diâmetro da circunferência.

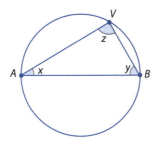

19. Determine, em grau, a medida de x na figura.

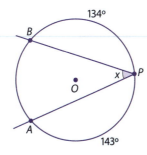

PROGRAMA DE RESOLUÇÃO DE PROBLEMAS — PARTE 1

ESTRATÉGIA PARA CONHECER

Usando um instrumento

- **Um problema**

    Dados 3 pontos, desenhe uma circunferência que passe por esses pontos.

- **Para resolver um problema usando um instrumento**

EU DEVO...	PARA...
① fazer as primeiras tentativas. Com o auxílio de um compasso, tentamos traçar uma circunferência que passe pelos pontos A, B e C. 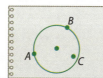 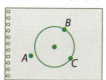 Veja que, sem conhecer o centro, não é possível traçar a circunferência.	• entender melhor o problema e determinar o que é necessário para resolvê-lo.
② identificar características do centro de uma circunferência. Todos os pontos da circunferência estão a uma mesma distância do centro. Então, se encontrarmos um ponto que esteja à mesma distância dos pontos A, B e C, encontraremos o centro da circunferência. Os pontos que estão à mesma distância de A e B são pontos da mediatriz do segmento $\overline{AB}$ (figura I). Portanto, o centro da circunferência é um ponto da mediatriz. Apenas com essa construção, ainda não é possível determinar o centro. Agora, ao traçar a mediatriz do segmento $\overline{BC}$, as duas mediatrizes vão se encontrar em um ponto que é o centro da circunferência (figura II). 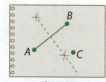 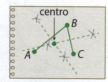 Figura I Figura II	• encontrar a solução do problema.
③ traçar a circunferência e verificar se ela passa pelos pontos A, B e C. 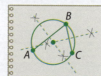	• verificar se a circunferência traçada é solução do problema.

PROBLEMAS PARA RESOLVER

1) A ANTENA DE CELULAR

Uma empresa estuda implantar antenas para celulares em uma localidade com alta densidade demográfica, representada no mapa abaixo. Uma dessas antenas tem alcance de 3 km e será instalada no ponto A. Represente no mapa o ponto até o qual o sinal dessa antena alcançará. Esse ponto é único? Se não for, localize os demais.

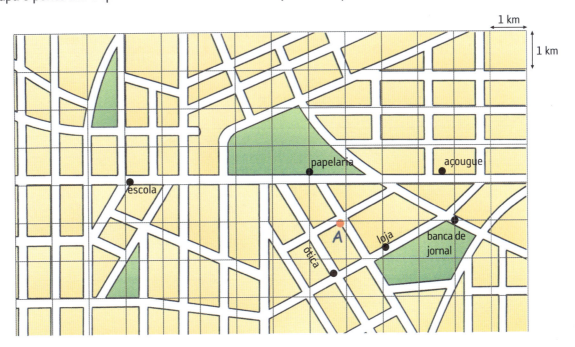

2) TRIÂNGULO COM COMPASSO?

O professor de Carolina disse que se pode obter um triângulo equilátero pela intersecção de duas circunferências. Como isso é possível?

3 RETAS PARALELAS

Desenhe um triângulo equilátero em que cada vértice esteja em uma das retas paralelas abaixo.

r

s

t

d

d

4 AS RUÍNAS

O desenho é um mapa em escala das ruínas de uma antiga cidade. O que sobrou dela foi parte do muro de uma fortaleza, que originalmente tinha 3 m de diâmetro, e algumas paredes de uma casa. Determine se a casa estava dentro da fortaleza.

PARTE 2

RECORDE

Produtos notáveis

- Quadrado da soma de dois termos
$(a + b)^2 = a^2 + 2ab + b^2$

- Quadrado da diferença de dois termos
$(a - b)^2 = a^2 - 2ab + b^2$

- Produto da soma pela diferença de dois termos
$(a + b) \cdot (a - b) = a^2 - b^2$

- Cubo da soma de dois termos
$(a + b)^3 = a^3 + 3a^2b + 3ab^2 + b^3$

- Cubo da diferença de dois termos
$(a - b)^3 = a^3 - 3a^2b + 3ab^2 - b^3$

Fatoração

Fatorar um polinômio significa escrevê-lo na forma de um produto de dois ou mais polinômios.

Casos de fatoração

- Colocação de um fator comum em evidência
$ax + bx = x(a + b)$

- Agrupamento
$ax + bx + ay + by = x(a + b) + y(a + b) = (a + b)(x + y)$

- Diferença de dois quadrados
$a^2 - b^2 = (a + b)(a - b)$

- Trinômio quadrado perfeito
$a^2 + 2ab + b^2 = (a + b)^2$
$a^2 - 2ab + b^2 = (a - b)^2$

- Soma ou diferença de dois cubos
$a^3 + 3a^2b + 3ab^2 + b^3 = (a + b)^3$
$a^3 - 3a^2b + 3ab^2 - b^3 = (a - b)^3$

Polígonos semelhantes

Polígonos semelhantes são aqueles que têm os lados correspondentes proporcionais e os ângulos correspondentes congruentes.

- Casos de semelhança em triângulos:
Ângulo-Ângulo (AA), Lado-Ângulo-Lado (LAL), Lado-Lado-Lado (LLL).

- Se dois polígonos são semelhantes e a razão de semelhança entre eles é k, a razão entre seus perímetros também é k e a razão de semelhança entre suas áreas é k^2.

Teorema de Tales

- Segmentos proporcionais

  Os segmentos $\overline{AB}$, $\overline{CD}$, $\overline{EF}$ e $\overline{GH}$, nessa ordem, são segmentos proporcionais sempre que $\dfrac{AB}{CD} = \dfrac{EF}{GH}$.

- Teorema de Tales

  As retas r, s e t são paralelas.

  As retas m e n são transversais.

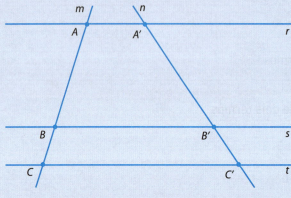

$$\dfrac{AB}{BC} = \dfrac{A'B'}{B'C'}, \; \dfrac{AC}{AB} = \dfrac{A'C'}{A'B'}, \; \dfrac{AC}{BC} = \dfrac{A'C'}{B'C'}$$

- A bissetriz de um ângulo interno de um triângulo divide o lado oposto a esse ângulo em dois segmentos proporcionais aos lados adjacentes a esses segmentos.

Relações métricas no triângulo retângulo

- Teorema de Pitágoras

  $a^2 = b^2 + c^2$ (1ª relação)

  Outras relações métricas

  2ª relação: $b \cdot c = a \cdot h$

  3ª relação: $b^2 = a \cdot n$ e $c^2 = a \cdot m$

  4ª relação: $h^2 = m \cdot n$

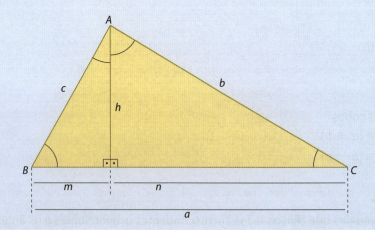

Aplicações do Teorema de Pitágoras

- Em um quadrado de lado ℓ, a medida da diagonal é $\ell\sqrt{2}$.

- Em um triângulo equilátero de lado ℓ, a altura mede $\dfrac{\ell\sqrt{3}}{2}$.

UNIDADE 4 Produtos notáveis e fatoração

1. Produtos notáveis

Quadrado da soma de dois termos

1. Desenvolva algebricamente cada quadrado da soma de dois termos.

a) $(x + 2)^2 = $ _____

b) $(x + 3)^2 = $ _____

c) $(x + 4)^2 = $ _____

d) $(2x + 1)^2 = $ _____

e) $(3x + 3)^2 = $ _____

f) $(2x + 5)^2 = $ _____

g) $(3x + 9)^2 = $ _____

h) $(x + 8)^2 = $ _____

i) $(2 + x)^2 = $ _____

j) $(2x + 6)^2 = $ _____

k) $(2m + 2n)^2 = $ _____

l) $(2x + 3)^2 = $ _____

m) $(4x + 4)^2 = $ _____

n) $(5x + 2)^2 = $ _____

o) $(3x + 5)^2 = $ _____

p) $(x + 7)^2 = $ _____

q) $(3x + 2)^2 = $ _____

r) $(2x + 6)^2 = $ _____

s) $(4x + 3)^2 = $ _____

t) $(2x + 7)^2 = $ _____

u) $(m + n)^2 = $ _____

v) $(2m + 3n)^2 = $ _____

2. Classifique cada sentença em V (verdadeira) ou F (falsa).

a) $(3x + 6)^2 = 9x^2 + 36x + 36$ ☐

b) $(4x + 8)^2 = 16x^2 + 64x + 64$ ☐

c) $(x + y)^2 = x^2 - 2xy + y^2$ ☐

d) $(3x + y)^2 = 9x^2 + 6xy + y^2$ ☐

e) $(x^2 + y^2)^2 = x^4 + 2x^4y^4 + y^4$ ☐

f) $(4x^2 + 4y^2)^2 = 16x^4 + 32x^2y^2 + 16y^2$ ☐

g) $(xyz + xyz)^2 = x^2y^2 + 2xy$ ☐

h) $4x^4 + 4y^4 = (2x^2 + 2y^2)^2$ ☐

i) $x + 2xy + 1 = (x + 1)^2$ ☐

j) $(x + 2y)^2 = x^2 + 2xy + y^2$ ☐

3. Sabendo que $A = 2x^2 + 3$ e $B = x^2 + 4$, determine:

a) $B^2 =$ _____

b) $A^2 =$ _____

c) $(A + B)^2 =$ _____

4. Simplifique as expressões algébricas.

a) $(x + 5)^2 \cdot x$

e) $(5y + 5)^2 + (3y + 3)^2 - 4y^2$

b) $y^2 - (y + 2)^2$

f) $14y^2 + (y + 5) \cdot y + (y + 2)^2$

c) $(x + y)^2 - (2x + 2y)^2$

g) $(2m + n)^2 - (m + 2n)^2$

d) $(3m + 1)^2 + (m + 1)^2 - (2m + 1)^2$

h) $(3y + 2)^2 - (y + 3)^2 + (2y + 3)^2$

5. Observe a figura e determine o que se pede.

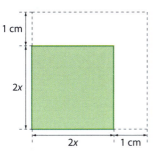

a) Qual expressão algébrica representa a área do quadrado verde?

b) Qual expressão algébrica representa a área do quadrado aumentando a medida de cada lado em 1 cm?

c) Qual expressão algébrica representa o aumento de área desse quadrado?

6. Observe a figura que Milena desenhou e faça o que se pede.

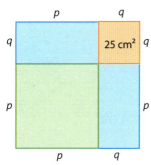

Área total do quadrado: 196 cm²

a) Escreva uma expressão algébrica que representa a área total da figura desenhada por Milena.

b) Qual é a área do quadrado verde?

7. O quadrado da soma de um número natural com quatro é igual a 36. Descubra qual é esse número.

8. O quadrado tem lado de medida igual a $r + t$.

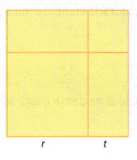

a) Escreva uma expressão que representa a área total desse quadrado.

b) Qual é a área desse quadrado para $r = 9$ cm e $t = 4$ cm?

Quadrado da diferença de dois termos

1. Desenvolva algebricamente cada quadrado da diferença de dois termos.

a) $(x - 1)^2 =$ _____

b) $(x - 5)^2 =$ _____

c) $(2x - 3)^2 =$ _____

d) $(3x - 1)^2 =$ _____

e) $(3x - 8)^2 =$ _____

f) $(4x - 1)^2 =$ _____

g) $(5x - 7)^2 =$ _____

h) $(2x - 2)^2 =$ _____

i) $(4x - 7)^2 =$ _____

j) $(7x - 1)^2 =$ _____

2. Analise a figura e responda às questões.

a) Escreva a área do quadrado verde por meio de um polinômio.

b) Qual é a área do quadrado verde, em metro quadrado?

3. Classifique cada sentença em V (verdadeira) ou F (falsa).

a) $\left(\dfrac{3}{2}x - \dfrac{2}{3}\right)^2 = \dfrac{9}{4}x^2 - 3x + \dfrac{4}{9}$ ☐

b) $\left(\dfrac{4}{5}x - \dfrac{1}{3}\right)^2 = \dfrac{16}{25}x^2 - \dfrac{8}{15}x + \dfrac{1}{9}$ ☐

c) $(x - y)^2 = x^2 - 2xy + y^2$ ☐

d) $\left(\sqrt{2} - y\right)^2 = y^2 - 2\sqrt{2}y + 2$ ☐

e) $(x^2 - y^2)^2 = x^4 - 2x^2y^2 + y^4$ ☐

f) $\left(y - \sqrt{4}\right)^2 = y^2 - 8y + 4$ ☐

g) $(y^2 - xy)^2 = y^4 - 2xy^3 + x^2y^2$ ☐

h) $9x^{16} - 18x^4y^4 + 9y^{16} = (3x^4 - 3y^4)^2$ ☐

i) $x - 2xy + y = \left(\sqrt{x} - \sqrt{y}\right)^2$ ☐

j) $\left(\dfrac{\sqrt{4}}{3}x - \sqrt{2}y\right)^2 = \dfrac{4}{9}x^2 + 2\dfrac{\sqrt{8}}{3}xy + 2y^2$ ☐

4. Um quadrado foi dividido em três retângulos. Determine a área dos retângulos azul e verde. Dê a resposta em função de y.

5. Sabendo que $A = 3x^2 - 3$ e $B = x^2 - 5$, calcule.

a) $(A - B)^2$

b) $A^2 - B^2$

6. Simplifique as expressões algébricas.

a) $(2y - 4)^2 - (y + 2)^2$

c) $4(y^2 - y)^2 + 5(y^2 + 2y)^2$

b) $(3y - 5) \cdot (2y - 3) - (4y + 2)$

d) $x^3 \cdot (x - 5)^2 + x^3 \cdot (x - 2)^2$

7. Pensei em um número natural e verifiquei que o quadrado da diferença entre esse número e oito é igual a 144. Qual foi o número em que eu pensei?

Produto da soma pela diferença de dois termos

1. Desenvolva algebricamente cada produto da soma pela diferença.

a) $(2x - 3y) \cdot (2x + 3y) =$ _____

b) $(4x - 5y) \cdot (4x + 5y) =$ _____

c) $(11x - 13y) \cdot (11x + 13y) =$ _____

d) $(7x - 6y) \cdot (7x + 6y) =$ _____

e) $(x - 2y) \cdot (x + 2y) =$ _____

f) $(8x - 9y) \cdot (8x + 9y) =$ _____

g) $(10x - 20y) \cdot (10x + 20y) =$ _____

h) $(15x - 17y) \cdot (15x + 17y) =$ _____

i) $(0,5x - 0,7y) \cdot (0,5x + 0,7y) =$ _____

j) $\left(\dfrac{1}{5}x - \dfrac{3}{4}y\right) \cdot \left(\dfrac{1}{5}x + \dfrac{3}{4}y\right) =$ _____

k) $\left(\dfrac{6}{7}x - \dfrac{8}{9}y\right) \cdot \left(\dfrac{6}{7}x + \dfrac{8}{9}y\right) =$ _____

l) $(0,35x - 0,4y) \cdot (0,35x + 0,4y) =$ _____

m) $(0,2x - 0,9y) \cdot (0,2x + 0,9y) =$ _____

n) $(x^3 - y^3) \cdot (x^3 + y^3) =$ _____

o) $(x^5 - y^5) \cdot (x^5 + y^5) =$ _____

p) $\left(\dfrac{3}{8}x - \dfrac{19}{21}y\right) \cdot \left(\dfrac{3}{8}x + \dfrac{19}{21}y\right) =$ _____

q) $(3x^4 - 5y^4) \cdot (3x^4 + 5y^4) =$ _____

r) $(6x^{10} - 9y^{10}) \cdot (6x^{10} + 9y^{10}) =$ _____

2. Simplifique as expressões algébricas.

a) $(x - 5)^2 - (x - 3) \cdot (x + 3)$

b) $(4x - 2y) \cdot (4x + 2y) - (3x - 4y)^2$

c) $(y - 4)^2 - (2y + 5)^2 + 2(y + 2) \cdot (y - 2)$

3. (Etec-SP) Calcule o valor de B, sabendo que:
$B = \left(\sqrt{5} + \sqrt{3}\right) \cdot \left(\sqrt{5} - \sqrt{3}\right)$

a) $B = 2$
b) $B = \sqrt{34}$
c) $B = 2 + \sqrt{15}$
d) $B = 8 + \sqrt{15}$
e) $B = 16$

Cubo da soma e cubo da diferença de dois termos

1. Classifique cada sentença em V (verdadeira) ou F (falsa).

   a) $(a + b)^2 = a^2 + 2ab + b^2$ ☐

   b) $(a - b)^2 = a^2 - 2ab + b^2$ ☐

   c) $(a + b) \cdot (a - b) = a^2 + b^2$ ☐

   d) $(a + b)^3 = a^3 + 3a^2b + 3ab^2 + b^3$ ☐

   e) $(a - b)^3 = a^3 - 3a^2b + 3ab^2 - b^3$ ☐

2. Desenvolva as expressões algébricas.

   a) $(x + 2)^3 =$ _____

   b) $(4y - 4)^3 =$ _____

   c) $\left(\dfrac{1}{2}x + 2\right)^3 =$ _____

   d) $\left(\dfrac{4}{3}x - \dfrac{3}{5}\right)^3 =$ _____

   e) $(3y - 1)^3 =$ _____

   f) $(5a + 2)^3 =$ _____

   g) $(2x - 2)^3 =$ _____

   h) $(3a + 1)^3 =$ _____

   i) $\left(y + \dfrac{2}{3}\right)^3 =$ _____

   j) $(5y + 5)^3 =$ _____

   k) $(2a - b)^3 =$ _____

   l) $(a + 2b)^3 =$ _____

3. Classifique cada sentença em V (verdadeira) ou F (falsa).

   a) $(a - b)^3 = a^3 - 3a^2b - 3ab^2 + b^3$ ☐

   b) $(a - 2b)^3 = a^3 + 6a^2b - 12ab^2 - 8b^3$ ☐

   c) $(2a - 2b)^3 = 8a^3 - 24a^2b + 24ab^2 - 8b^3$ ☐

   d) $(3a - b)^3 = a^3 - 9a^2b + 27ab^2 - b^3$ ☐

   e) $(a - 3b)^3 = a^3 + 9a^2b + 27ab^2 + 9b^3$ ☐

   f) $(a + ab)^3 = a^3 + 3a^3b + 3a^3b^2 + a^3b^3$ ☐

   g) $(ab - a)^3 = a^3b^3 - 3a^3b^2 + 3a^3b - a^3$ ☐

4. Simplifique as expressões algébricas.

a) $(x + y)^3 + (x - y)^3$

b) $(2x^2 - y)^3 + (x^2 + y)^3$

c) $(2x - y)^2 - (y + 2x)^2$

d) $(3ab^2 - 3a^2b) \cdot (3ab^2 + 3a^2b)$

e) $(a^2 - b^2)^3 - (a^2 + b^2)^3$

f) $(2a - b)^3 - (b - 2a)^3$

5. A professora de Matemática propôs aos seus alunos que desenvolvessem algebricamente o cubo da soma de dois termos: $(t + 4)^3$. Observe as respostas dadas por três alunos.

Rebeca	Ricardo	Rodolfo
$t^3 + 3t^2 + 16t + 64$	$t^3 + 12t^2 + 48t + 64$	$t^3 + 12t^2 + 16t + 64$

Qual desses alunos resolveu corretamente a atividade proposta?

6. Terezinha desenvolveu algebricamente o cubo da diferença de dois termos: $(2x - 5y)^3$ e encontrou como resultado a expressão $8x^3 - 30xy^2 + 120x^2y - 125y^3$. Verifique se Terezinha acertou a atividade. Caso ela tenha errado, indique a solução correta.

7. Em uma gincana de Matemática, a professora precisava formar duplas para uma competição e, para isso, utilizou cartazes com expressões algébricas. Observe os cartazes que a professora distribuiu para cada um dos alunos.

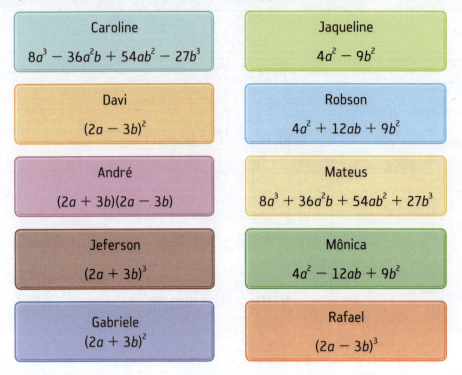

Caroline: $8a^3 - 36a^2b + 54ab^2 - 27b^3$

Jaqueline: $4a^2 - 9b^2$

Davi: $(2a - 3b)^2$

Robson: $4a^2 + 12ab + 9b^2$

André: $(2a + 3b)(2a - 3b)$

Mateus: $8a^3 + 36a^2b + 54ab^2 + 27b^3$

Jeferson: $(2a + 3b)^3$

Mônica: $4a^2 - 12ab + 9b^2$

Gabriele: $(2a + 3b)^2$

Rafael: $(2a - 3b)^3$

Faça a associação correta entre as expressões e indique quais foram as duplas formadas para a competição.

2. Fatoração de expressões algébricas

1. Escreva cada número do quadro como o produto de dois números.

Número	Forma fatorada
200	
320	
830	
1.212	
6.700	
8.480	

68

2. Escreva em forma de produto o polinômio que representa a área da figura em cada item.

a)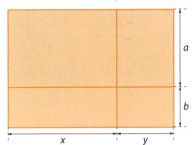

b)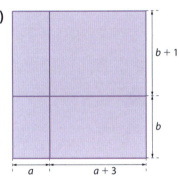

3. Fatore os polinômios, colocando o fator comum em evidência.

a) $ax + ay =$ _____

b) $2b + 4c =$ _____

c) $2a + 4b - 6c =$ _____

d) $20x^2 + 5x + 10 =$ _____

e) $6x^3 - 3x^2 + 9x =$ _____

f) $x^6y^6 + x^4y^4 + x^2y^2 =$ _____

g) $8xy - 4x^2y + 4xy^2 - 12x^2y^2 =$ _____

h) $9x^4y^2z^2 - 6x^2y^4z^2 - 3x^2y^3z^2 + 6x^2y^2z^3 =$ _____

i) $5a^8b^6 - 10a^6b^4 + 10a^4b^6 + 5a^6b^8 =$ _____

j) $16a^2b^4 + 32a^3b^3 + 16a^4b^2 =$ _____

k) $a^7b^5 - a^6b^4 - a^3b^5 + a^6b^8 =$ _____

l) $6x^3y^2 - 3x^3y^4 + 9x^4y^2 - 12x^2y^4 =$ _____

m) $4a^6b^4 - 2a^4b^6 + 8a^5b^4 + 2a^4b^5 =$ _____

n) $16x^6y^8z^{10} + 8x^{10}y^6z^8 - 16x^8y^{10}z^6 =$ _____

4. Escreva o produto de polinômios que representa a área de cada figura.

a)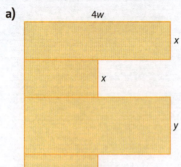

b)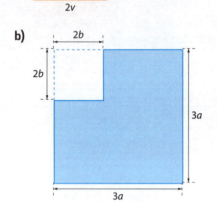

c)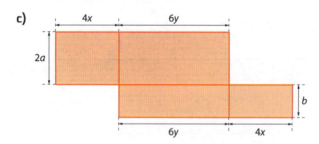

5. Suzana desenhou um quadrado de lado medindo $a + b$, conforme a figura, e depois coloriu uma das partes de roxo e outra parte de verde.

Sabe-se que a área do quadrado roxo é igual a 64 cm² e que o perímetro do quadrado de lado medindo $a + b$ é igual a 44 cm. Qual é a área, em centímetro quadrado, do quadrado verde?

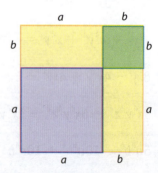

6. Simplifique as expressões.

a) $\dfrac{ac^2 - 9a}{c+3}$, com $c + 3 \neq 0$

b) $\dfrac{(x+y)^2 + (x+y)^2}{x^2 + 2xy + y^2}$, com $x^2 + 2xy + y^2 \neq 0$

c) $\dfrac{4x^2 + 4ax + a^2}{2x + a}$, com $2x + a \neq 0$

d) $\dfrac{2a^3 \cdot (x^3y^2 + x^2y^3)}{2axy}$, com $2axy \neq 0$

e) $\dfrac{a^3x^3 + 6a^2x^2y + 12axy^2 + 8y^3}{(ax + 2y)^2}$, com $(ax + 2y)^2 \neq 0$

f) $\dfrac{(2a + 2b)^2 - (a+b)^2}{(2a+b) \cdot (a+b)}$, com $(2a+b) \cdot (a+b) \neq 0$

g) $\dfrac{(a-b)^3 \cdot (a+b)^2}{(a-b) \cdot (a+b)}$, com $(a-b) \cdot (a+b) \neq 0$

h) $\dfrac{(2a+2b)^3 - (a+b)^3}{4a^2 + 4ab}$, com $4a^2 + 4ab \neq 0$

7. Na figura, a soma das áreas dos dois retângulos verdes é igual a 32 cm² e a área do quadrado azul é igual a 64 cm². Qual é a área total da figura?

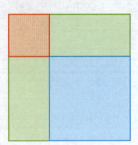

8. (Saresp) A expressão $x^2 - a^2$ é equivalente a:
a) $-2ax$
b) $(x - a)^2$
c) $(x + a)^2$
d) $(x - a)(x + a)$

9. Fatore os polinômios.

a) $b^2 + 4bc + 4c^2$

f) $100x^2 - 40xy + 4y^2$

b) $9y^2 - 6y + 1$

g) $25y^2 + 10y + 1$

c) $z^2 - 14z + 49$

h) $49b^2 + 56b + 16$

d) $k^2 + 10k + 25$

i) $4x^2y^2 - 4xy + 1$

e) $16x^4y^6 + 16x^5y^5 + 4x^6y^4$

j) $9x^4y^2 - 18x^3y^3 + 9x^2y^4$

10. Escreva o polinômio que representa a área colorida das figuras e fatore-o.

a)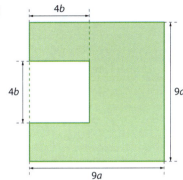

b)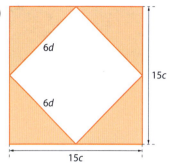

11. Classifique cada sentença em V (verdadeira) ou F (falsa).

a) $(6x - y)^3 = 216x^3 - y^3$ ☐

b) $(a^3 + b^3)^2 \cdot (2a - 2b) = 2a^7 + 4a^4b^3 + 2ab^6 - 4a^3b^4 - 2a^6b - 2b^7$ ☐

c) $(2x + 3y)^3 = 8x^3 + 36x^2y + 54xy^2 + 27y^3$ ☐

d) $\left(\dfrac{x}{4} + \dfrac{y}{4}\right)^2 \cdot \left(\dfrac{x}{4} - \dfrac{x}{4}\right) = \left(\dfrac{x}{4} - \dfrac{x}{4}\right)^3$ ☐

e) $\left(\dfrac{a}{5} - \dfrac{b}{5}\right)^2 \cdot \left(\dfrac{a}{5} - \dfrac{b}{5}\right) = \left(\dfrac{a}{5} - \dfrac{b}{5}\right)^3$ ☐

f) $(ab^2 + bc)^2 \cdot (ab^2 - bc) = a^3b^6 + a^2b^5c - ab^4c^2 - b^3c^3$ ☐

g) $\left(\dfrac{x}{4} + \dfrac{y}{4}\right)^2 \cdot \left(\dfrac{x}{4} - \dfrac{y}{4}\right) = \dfrac{1}{8}x^3 - \dfrac{1}{8}x^2y - \dfrac{1}{8}xy^2 - \dfrac{1}{8}y^3$ ☐

h) $(5x - 4y)^3 = 125x^3 + 300x^2y + 80xy^2 + 72y^3$ ☐

i) $(ab^2 + bc^2)^3 = a^3b^6 + a^5b^5 + 3ab^4c^2 + b^3c^6$ ☐

12. Sendo $x = 3a + 3$ e $y = 2a + 2$, calcule.

a) $x^3 - y^3$

b) $(x + y)^2$

c) $x^3 - 8y^2$

d) $(x - y)^3$

e) $(x^2 - y^2)^2$

f) $(x^2 - y^2)^2 - (x + y)^3$

13. Pedro construiu um gráfico para representar, em real, seu gasto mensal com lazer, como viagens, festas nos fins de semana, almoços em restaurantes, entre outras.

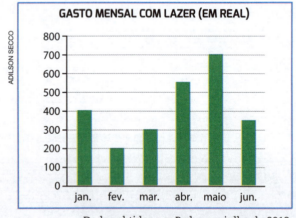

Dados obtidos por Pedro em julho de 2018.

a) Qual foi o gasto total nos três primeiros meses (janeiro, fevereiro e março), isto é, no primeiro trimestre?

b) Qual foi o aumento dos gastos, em real, do mês de março para o mês de maio?

c) Indique os períodos em que houve redução nos gastos, entre dois meses consecutivos, e os valores de cada redução.

UNIDADE 5 Semelhança

1. Ângulos

1. Na figura a seguir, identifique os ângulos opostos pelo vértice e os ângulos adjacentes suplementares.

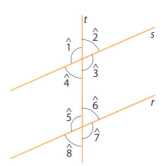

- Ângulos opostos pelo vértice:

  _____

- Ângulos adjacentes suplementares:

  _____

2. Calcule os valores de *a*, *b*, *c* e *d*, em grau, para cada caso.

a)
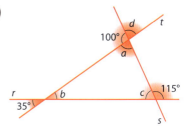

c)
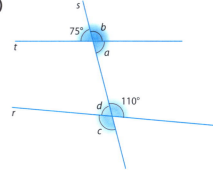

b) $r \parallel s$
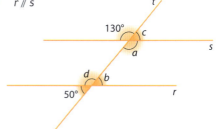

d)
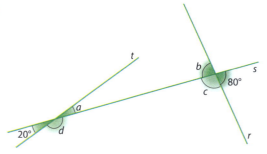

75

3. Sabendo que na figura r ∥ s, responda às questões.

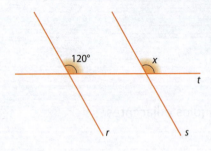

a) Como é chamado o par de ângulos cujas medidas são x e 120°?

_____

b) Qual é o valor de x?

_____

4. Sabendo que na figura abaixo r ∥ s, responda às questões.

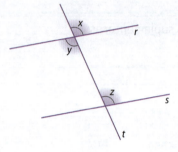

a) Como é chamado o par de ângulos cujas medidas são x e z?

_____

b) Os ângulos $\hat{x}$ e $\hat{y}$ são congruentes? Justifique sua resposta.

_____

c) Os ângulos $\hat{x}$ e $\hat{z}$ são congruentes? Justifique sua resposta.

_____

d) Como são chamados os ângulos $\hat{z}$ e $\hat{y}$? Eles são congruentes?

_____

5. Sabendo que r ∥ s, determine o valor de x, em grau, nas figuras.

a)

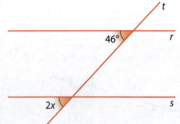

b)

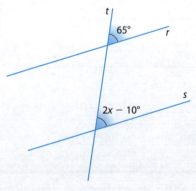

c)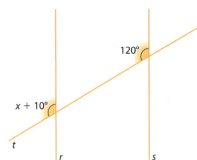

d)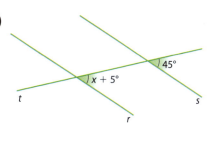

6. Sendo r ∥ s, determine os valores de x e de y, em grau, nas figuras.

a)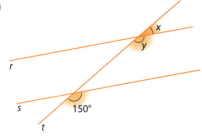

b)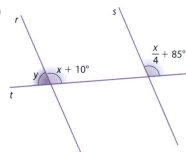

7. Na figura a seguir, identifique os pares de ângulos alternos internos e alternos externos.

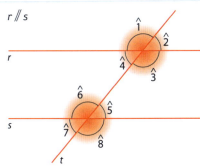

- Alternos internos:
  _____

- Alternos externos:
  _____

8. Nas figuras a seguir, r ∥ s. Determine os valores de x e y, em grau.

a)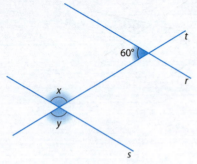

c)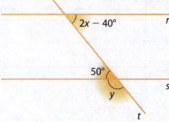

b)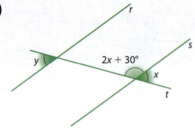

d)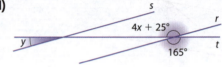

9. Observe a figura e responda à questão.

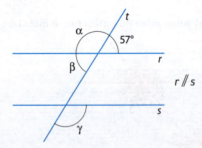

Quais são as medidas α, β e γ, em grau?

10. Leandro calculou as medidas A, B e C, em grau, indicadas na figura.

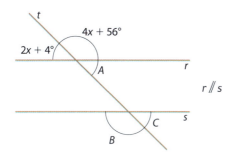

Sabendo que ele acertou os cálculos, quais foram as medidas dos ângulos $\hat{A}$, $\hat{B}$ e $\hat{C}$ obtidas por Leandro?

11. Na figura a seguir, identifique os pares de ângulos colaterais internos e colaterais externos.

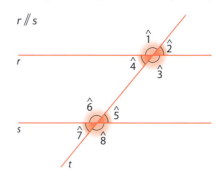

- Colaterais internos:
  _____

- Colaterais externos:
  _____

12. Sendo $r \parallel s$, calcule as medidas x e y, em grau, na figura.

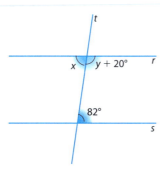

13. Considerando r ∥ s, determine as medidas *x* e *y*, em grau, nas figuras.

a)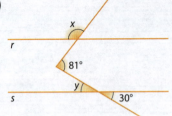

c)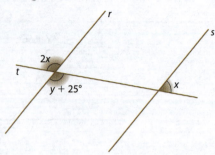

b)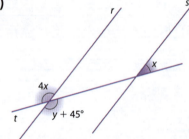

d)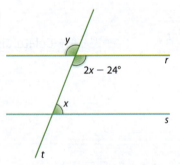

e)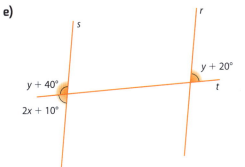

f)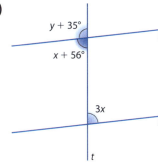

2. Razão e proporção entre segmentos

1. Complete a definição da razão entre dois números.

A razão entre dois números a e b, com $b \neq 0$, nessa ordem, é o quociente _____ .

2. Complete a definição de proporção.

Quatro números a, b, c e d, não nulos, formam, nessa ordem, uma proporção quando _____ .

3. Analise cada frase a seguir e assinale a correta.
   a) A razão entre dois segmentos é a medida entre os dois segmentos.
   b) A razão entre dois segmentos é o segmento comum.
   c) A razão entre dois segmentos é a quantidade de vezes que um segmento cabe no outro.
   d) A razão entre dois segmentos é o número obtido pelo produto entre os números que expressam as medidas desses segmentos.

4. Determine a razão entre os segmentos $\overline{AB}$ e $\overline{CD}$.

a) $AB = 4$ cm e $CD = 8$ cm

b) $AB = 7$ cm e $CD = 28$ cm

c) $AB = 25$ cm e $CD = 5$ cm

d) $AB = 20$ cm e $CD = 10$ cm

e) $AB = 9$ cm e $CD = 18$ cm

f) $AB = 2\sqrt{2}$ cm e $CD = 4$ cm

g) $AB = 9$ cm e $CD = \sqrt{3}$ cm

h) $AB = 120$ mm e $CD = 12$ cm

i) $AB = 2\sqrt{9}$ cm e $CD = 3\sqrt{9}$ cm

j) $AB = 400$ cm e $CD = 16$ m

5. Observe o segmento e calcule as razões.

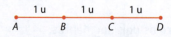

a) $\dfrac{AB}{CD}$

b) $\dfrac{AC}{CD}$

c) $\dfrac{AB}{BD}$

d) $\dfrac{AD}{BC}$

6. Faça o que se pede.

a) A razão entre os segmentos $\overline{AB}$ e $\overline{CD}$ é igual a 5 : 9. Qual é a medida de $\overline{AB}$, em milímetro, se $CD = 45$ cm?

b) A razão entre os segmentos $\overline{AB}$ e $\overline{CD}$ é igual a 2 : 7. Qual é a medida de $\overline{CD}$, em centímetro, se $AB = 400$ mm?

c) A razão entre os segmentos $\overline{AB}$ e $\overline{CD}$ é igual a 4 : 3. Qual é a medida de $\overline{CD}$, em centímetro, se $AB = 18$ m?

7. No segmento, C é ponto médio de $\overline{AB}$, D é ponto médio de $\overline{CB}$ e $AB = 20$. Determine:

a) a medida de $\overline{CD}$;

b) a razão entre $\overline{AD}$ e $\overline{DB}$;

c) a razão entre $\overline{AC}$ e $\overline{CB}$;

d) a razão entre $\overline{CD}$ e $\overline{AB}$.

8. Complete a definição de segmentos proporcionais.

> Se quatro segmentos, $\overline{AB}$, $\overline{CD}$, $\overline{EF}$ e $\overline{GH}$, nessa ordem, são proporcionais, a proporção pode ser expressa por
> _____.

9. Verifique se os segmentos formam, na ordem em que aparecem, uma proporção.
   a) $AB = 4$ cm, $CD = 16$ cm, $EF = 12$ cm e $GH = 48$ cm

   b) $AB = 5$ cm, $CD = 15$ cm, $EF = 7$ cm e $GH = 21$ cm

   c) $AB = 8$ cm, $CD = 12$ cm, $EF = 81$ cm e $GH = 27$ cm

   d) $AB = 8$ m, $CD = 12$ cm, $EF = 4$ cm e $GH = 6$ cm

10. Determine a medida em cada caso, sabendo que os segmentos $\overline{AB}$, $\overline{CD}$, $\overline{EF}$ e $\overline{GH}$ formam, nessa ordem, uma proporção.
   a) Qual é a medida de $\overline{EF}$, em centímetro, se $AB = 40$ cm, $CD = 0,8$ m e $GH = 1.200$ mm?

   b) Qual é a medida de $\overline{GH}$, em metro, se $AB = 50$ cm, $CD = 4$ m e $EF = 200$ mm?

   c) Qual é a medida de $\overline{CD}$, em milímetro, se $AB = 35$ cm, $EF = 20$ mm e $GH = 1$ m?

11. Sabendo que os segmentos $\overline{AB}$, $\overline{CD}$, $\overline{EF}$ e $\overline{GH}$, nessa ordem, são proporcionais tais que: $AB = 2x$, $CD = x + 5$, $EF = 4$ cm e $GH = 12$ cm, calcule a medida de x em centímetro.

12. Assinale a afirmação correta.
   a) Sabendo que a medida do segmento $\overline{AB}$ é 25 cm e que o segmento $\overline{CD}$ mede 18 cm, podemos dizer que a razão entre eles é $\frac{3}{4}$.
   b) Considerando que a razão entre os segmentos $\overline{MN}$ e $\overline{OP}$ é $\frac{2}{3}$, nessa ordem, e que $\overline{MN}$ mede 14 cm, podemos afirmar que $\overline{OP}$ mede 21 cm.
   c) Ao medir dois segmentos, $\overline{RS}$ e $\overline{UV}$, e verificar que a medida de $\overline{RS}$ é o triplo da medida de $\overline{UV}$, podemos concluir que esses segmentos são proporcionais.
   d) Se $AB = 5$ cm, $CD = 10$ cm, $EF = 15$ cm e $GH = 20$ cm, concluímos que $\frac{AB}{CD} = \frac{EF}{GH}$.

13. Interprete a figura e determine o que se pede.

$\frac{JK}{KL} = \frac{1}{5}$

   a) Qual é a medida de $\overline{KL}$?

   b) Qual é a medida de $\overline{JL}$?

14. Na figura a seguir, temos uma reta *r* e o segmento $\overline{AB}$, que mede 40 mm.

Queremos marcar em *r* um ponto *Q*, de modo que $\dfrac{AQ}{QB} = \dfrac{3}{5}$. Determine a qual distância dos pontos *A* e *B* devemos marcar tal ponto nas situações descritas abaixo.

a) Ponto *Q* interno ao segmento.

b) Ponto *Q* externo ao segmento.

15. Responda às questões.
Na figura a seguir, *I* está localizado de tal modo que $\dfrac{GI}{IH} = \dfrac{2}{5}$.

a) Qual é a razão $\dfrac{GI}{GH}$?

b) Qual é a razão $\dfrac{IH}{GH}$?

c) Se $\overline{IH}$ medisse 50 mm, qual seria a medida de $\overline{GI}$ em milímetro?

3. Figuras semelhantes

1. Identifique as figuras semelhantes.

4. Polígonos semelhantes

1. Em quais condições podemos afirmar que dois polígonos são semelhantes?

_____

_____

2. Verifique se os pares de polígonos a seguir são semelhantes. Justifique sua resposta.

   a) *ABCD* e *EFGH* são quadrados.

   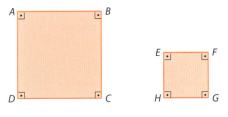

_____

_____

   b) *ABCD* é um retângulo e *EFGH* é um quadrado.

   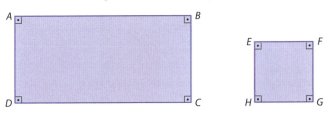

_____

_____

3. Calcule o perímetro dos polígonos semelhantes a seguir.

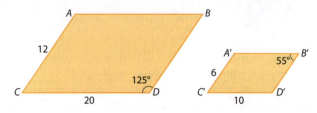

4. Verifique se as figuras a seguir são semelhantes e justifique sua resposta.
Dados: $\overline{AB} \parallel \overline{CD}$, $\hat{A} \cong \hat{D}$, $\hat{C} \cong \hat{B}$, $\overline{A'B'} \parallel \overline{C'D'}$, $\hat{A}' \cong \hat{D}'$ e $\hat{C}' \cong \hat{B}'$.

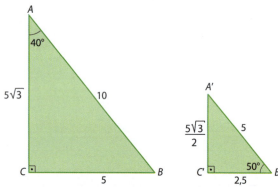

_____

_____

5. Verifique se os triângulos retângulos ABC e A'B'C' a seguir são semelhantes e justifique sua resposta.

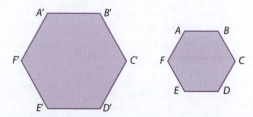

_____

_____

6. Observe os hexágonos regulares a seguir e verifique se eles são semelhantes.

_____

_____

7. Sandra quer construir em sua casa uma piscina com o formato da figura. Determine as medidas dos lados dessa piscina, sabendo que seu contorno terá 39 metros e seus lados serão proporcionais aos lados da figura.

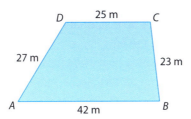

8. Roberto desenhou em seu caderno um quadrilátero ABCD, em que $AB = 6$ cm, $BC = 9$ cm, $CD = 10$ cm e $AD = 12$ cm. Depois que terminou, ele fez uma cópia ampliada do desenho. O novo quadrilátero $A'B'C'D'$, tem o lado $\overline{A'B'}$ de medida igual a 8 cm. Quais são as medidas dos outros lados desse quadrilátero?

9. Afonso é arquiteto e está desenhando a planta de uma casa em uma escala de $\frac{1}{100}$, ou seja, 1 cm no desenho corresponde a 100 cm na realidade. Uma das salas tem forma retangular, e na planta suas dimensões são 5 cm por 8 cm. Qual é a área real dessa sala em metro quadrado?

10. A maioria das folhas de papel tem tamanhos padronizados e são denominados por A0, A1, ..., até tamanho A7. Esses tamanhos foram definidos de modo que a folha de tamanho A1 tenha a metade da área da folha de tamanho A0, a de tamanho A2 tenha a metade da área da de tamanho A1 e assim por diante. Todas têm forma retangular, como mostra o esquema a seguir.

Se todos os retângulos do esquema são semelhantes entre si, qual é a razão entre os comprimentos dos lados correspondentes dos retângulos A1 e A2?

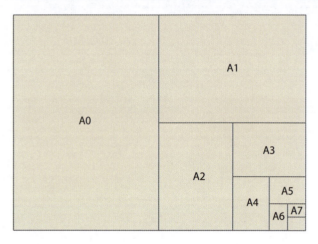

11. Assinale as afirmativas que indicam figuras semelhantes.
   a) Mapas em escalas diferentes de uma mesma região.
   b) Duas fotografias de uma mesma paisagem, sendo uma delas ampliada e sem distorções.
   c) Mapas na mesma escala de duas regiões diferentes.
   d) Dois triângulos retângulos.
   e) Dois triângulos equiláteros.
   f) Duas plantas de um mesmo edifício em escalas diferentes.

5. Triângulos semelhantes

1. Verifique, em cada item, se os triângulos ABC e DEF são semelhantes. Justifique sua resposta. (Nesta atividade, há figuras que não são proporcionais às medidas indicadas.)

a)
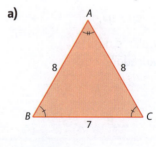
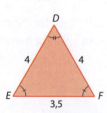

b)
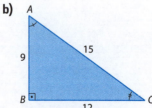
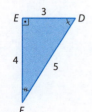

c)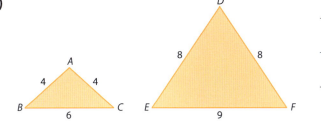

d)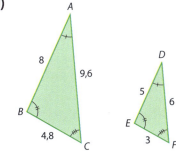

2. Considerando os triângulos ABC e A'B'C' a seguir, responda às questões.

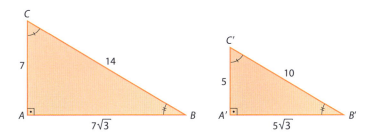

a) Qual é a razão de semelhança entre o △ABC e o △A'B'C'?

b) Qual é a razão entre as alturas do △ABC e de △A'B'C'?

3. Dois triângulos, ABC e DEF, são semelhantes. Sabendo que med ($\hat{A}$) = med ($\hat{D}$) = 50°, med ($\hat{B}$) = 60° e med ($\hat{F}$) = 70°, determine as medidas dos ângulos $\hat{C}$ e $\hat{E}$.

4. Em cada item, o triângulo ABC é semelhante ao triângulo DEF. Determine os valores de x e de y.

a)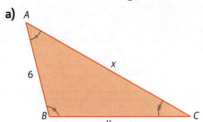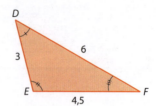

b)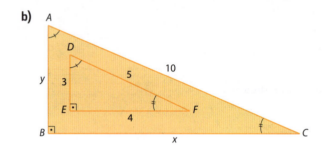

c)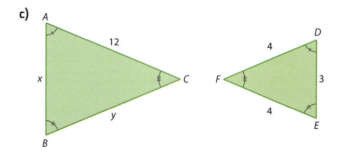

5. Assinale a alternativa falsa.
a) Dois triângulos são semelhantes se, e somente se, os ângulos correspondentes são congruentes e os lados correspondentes são proporcionais.
b) Dois triângulos equiláteros quaisquer sempre são semelhantes.
c) Dois triângulos retângulos quaisquer nem sempre são semelhantes.
d) Se uma reta é paralela a um dos lados de um triângulo e intercepta os outros dois lados em pontos distintos, então o triângulo que ela determina com esses lados é semelhante ao primeiro.
e) Para dois triângulos serem semelhantes, basta que dois de seus lados correspondentes sejam proporcionais.

6. Com o auxílio de um transferidor, verifique se os triângulos são semelhantes.

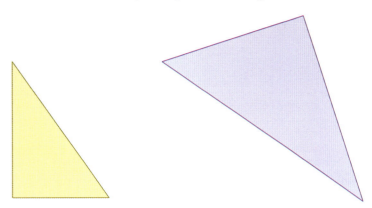

7. Os triângulos *ABC* e *DEF* são semelhantes.

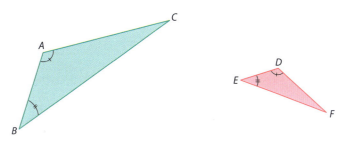

Sabendo que *DE* = 4 cm, *EF* = 8 cm, *DF* = 6 cm e *AB* = 8 cm, calcule:

a) a razão de semelhança entre o primeiro e o segundo triângulo;

b) as medidas dos outros dois lados do triângulo *ABC*.

8. Dois triângulos isósceles semelhantes têm perímetros iguais a 0,8 m e 40 cm. Se o lado desigual do triângulo maior mede 20 cm, determine as medidas dos lados do triângulo menor e do triângulo maior.

9. Dois triângulos são semelhantes e a razão de semelhança é $\frac{4}{5}$. Se um dos lados do triângulo menor mede 12 cm, calcule a medida do lado correspondente do triângulo maior.

10. Dois triângulos são semelhantes e a razão de semelhança é $\frac{7}{9}$. Se um dos lados do triângulo maior mede 18 cm, calcule a medida do lado correspondente do triângulo menor.

11. O mastro utilizado para hastear a bandeira de um acampamento de escoteiros projeta, às 16 horas, uma sombra que mede 6 metros de comprimento. No mesmo instante, o tronco de uma árvore com 1,80 m de altura projeta uma sombra de 1,20 m de comprimento, como mostra a figura.

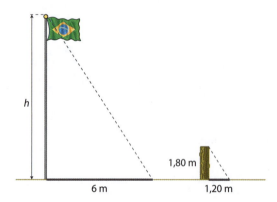

a) É possível calcular a altura do mastro usando apenas as medidas fornecidas? Justifique sua resposta.

b) Qual é a altura desse mastro?

12. (Enem) A rampa de um hospital tem na sua parte mais elevada uma altura de 2,2 metros. Um paciente ao caminhar sobre a rampa percebe que se deslocou 3,2 metros e alcançou uma altura de 0,8 metro.

A distância em metro que o paciente ainda deve caminhar para atingir o ponto mais alto da rampa é:

a) 1,16 metro
b) 3,0 metros
c) 5,4 metros
d) 5,6 metros
e) 7,04 metros

13. Determine o valor de x e de y, sabendo que:

a) $\overline{ED} \parallel \overline{AB}$

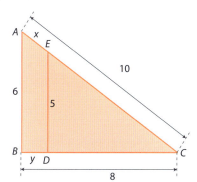

b) $\overline{IJ} \parallel \overline{GH}$

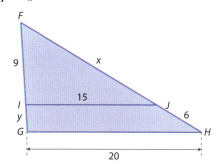

14. Na figura a seguir, $\overline{DE} \parallel \overline{BC}$. Sabendo que $\dfrac{AD}{DB} = \dfrac{3}{5}$, determine as medidas de x e de y.

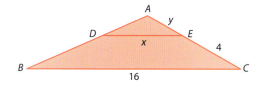

15. Na figura a seguir, $\overline{NO} \parallel \overline{ML}$. Sabendo que $\dfrac{NO}{ML} = \dfrac{6}{7}$, determine as medidas de x e de y.

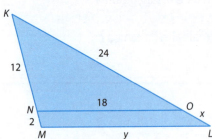

6. Teorema de Tales

1. Dados os feixes de retas paralelas a seguir ($r \parallel s \parallel t$), determine o valor de x em cada caso. (Nesta atividade, há figuras que não são proporcionais às medidas indicadas.)

a)

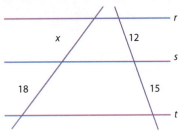

b)

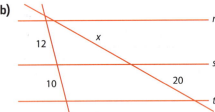

c)

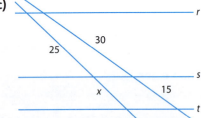

d)

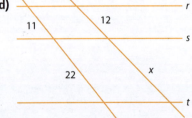

2. Nas figuras a seguir, determine as medidas de x e de y, sabendo que r ∥ s ∥ t.

a)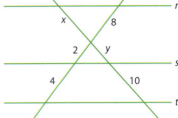

b)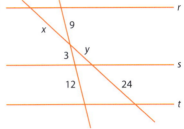

c)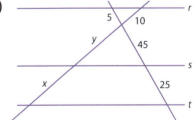

d)

3. Estabeleça uma relação entre as medidas de x, y, w e z, sabendo que r ∥ s ∥ t.

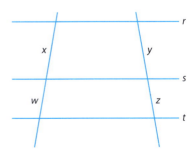

4. Uma transversal *m* determina sobre três retas paralelas *r*, *s* e *t*, com *s* entre *r* e *t*, os pontos A, B e C, respectivamente, de tal forma que AB = 5 cm e BC = 15 cm e, sobre uma transversal *n*, os pontos D, E e F, respectivamente, de tal forma que DF = 24 cm. Calcule:

a) a medida do segmento $\overline{DE}$ determinado sobre a transversal *n*;

b) a medida do segmento $\overline{EF}$ determinado sobre a transversal *n*.

5. Considere que, no exercício anterior, a reta *r* esteja entre as retas *s* e *t*.

a) Qual seria a medida de $\overline{DE}$?

b) Qual seria a medida de $\overline{EF}$?

6. Sabendo que os segmentos $\overline{AB}$, $\overline{AD}$, $\overline{BC}$ e $\overline{CD}$ são proporcionais, determine x.

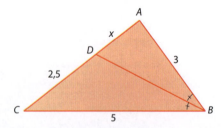

7. Sabendo que $\vec{BD}$ é a bissetriz do ângulo $A\hat{B}C$, calcule o valor de x.

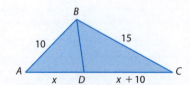

8. Dados os feixes de paralelas a seguir, determine o valor de x em cada caso.

a)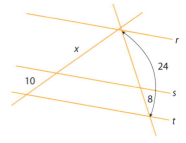

b)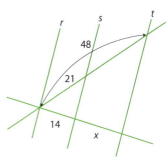

9. Nas figuras a seguir, determine as medidas de x e de y, sabendo que $r \parallel s \parallel t \parallel u$.

a)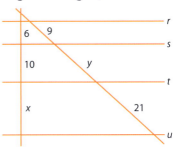

b)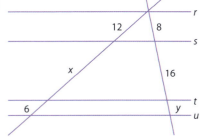

10. Determine o valor de x, sabendo que $\overline{DE} \parallel \overline{BD}$.

a)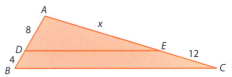

c)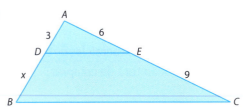

b)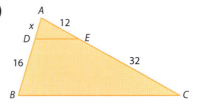

d)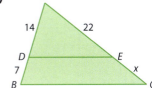

11. Em um triângulo ABC, sabe-se que $\overline{BC} \parallel \overline{DE}$ e que suas medidas são $DA = 6$ cm, $DB = 3x + 4$, $AE = 3$ cm e $EC = 8$ cm. Nessas condições:

a) faça o esquema desse problema;

b) determine o valor de x;

c) determine o perímetro do triângulo ABC, sabendo que $BC = 22$ cm.

12. José e João compraram um lote de terreno cada um em forma de trapézio.

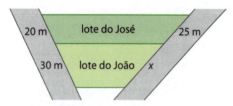

João pretende fechar os lados não paralelos do terreno com uma tela até decidir construir sua casa. Quantos metros de tela João terá de comprar?

13. Descubra o valor de x em cada figura.

a)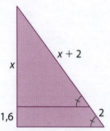

b)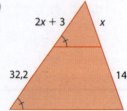

UNIDADE 6 Relações métricas no triângulo retângulo

1. O teorema de Pitágoras

1. Desenhe um triângulo retângulo e nomeie seus lados. Aplicando o teorema de Pitágoras, escreva a relação entre as medidas dos lados do triângulo desenhado.

2. Aplique o teorema de Pitágoras e calcule a hipotenusa em cada caso.

a)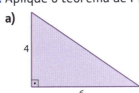

b)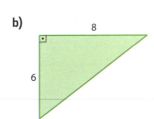

c)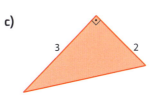

d)

3. As medidas dos lados de um triângulo são 50 mm, 48 mm e 14 mm. Usando o teorema de Pitágoras, verifique se esse triângulo é retângulo.

4. As medidas dos lados de um triângulo são 17 cm, 25 cm e 41 cm. Usando o teorema de Pitágoras, verifique se esse triângulo é retângulo.

5. Em um triângulo retângulo ABC, a hipotenusa mede $2\sqrt{5}$ e um dos catetos mede a metade do outro. Determine a área desse triângulo.

6. Determine as medidas dos catetos de um triângulo retângulo, sabendo que a medida de um cateto é igual a $\dfrac{3}{4}$ da medida do outro cateto e a hipotenusa mede 25 cm.

7. Classifique as sentenças a seguir em V (verdadeira) ou F (falsa).

a) Em um triângulo retângulo qualquer, a soma dos quadrados das medidas dos catetos é igual ao quadrado da medida da hipotenusa. ☐

b) Em um triângulo retângulo qualquer, a soma dos quadrados das medidas dos catetos é igual ao inverso do quadrado da medida da hipotenusa. ☐

c) Se a soma dos quadrados das medidas dos catetos de um triângulo retângulo é igual a 144 cm, sua hipotenusa mede 13 cm. ☐

d) Se um dos catetos de um triângulo retângulo mede 22,5 cm e a hipotenusa mede 37,5 cm, o outro cateto mede 15 cm. ☐

e) Se a soma dos quadrados das medidas dos catetos de um triângulo retângulo é igual a 484 cm, sua hipotenusa mede 22 cm. ☐

f) A diagonal de um retângulo sempre será a hipotenusa de dois triângulos retângulos. ☐

8. Determine as medidas de x, y e z.

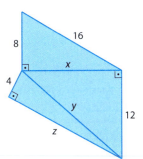

9. Considere dois triângulos retângulos: ABC de hipotenusa $\overline{AC}$ e ECD de hipotenusa $\overline{EC}$. No triângulo ABC, as medidas são $AC = 20$ cm, $AB = 16$ cm e $BC = x$. No outro triângulo, as medidas são $ED = 48$ cm, $EC = y$ e $CD = z$. Sabendo que $x + z = 48$ cm, determine as medidas x, y e z.

10. Analise a figura abaixo e determine as medidas do cateto e da hipotenusa.

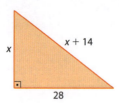

11. Se em um triângulo retângulo isósceles a hipotenusa mede 12 cm, qual é o perímetro desse triângulo?

12. Observe o exercício a seguir e as respostas dadas por três alunos.

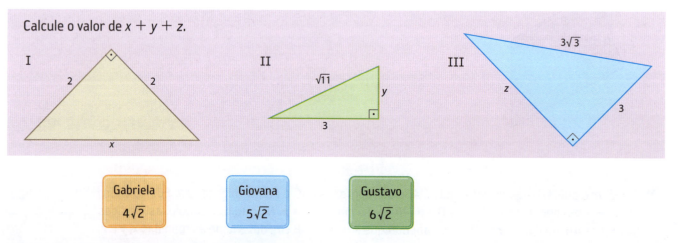

Qual dos amigos resolveu corretamente o exercício?

2. Outras relações métricas no triângulo retângulo

1. Assinale a afirmativa falsa.
a) Em um triângulo retângulo qualquer, o produto das medidas dos catetos é igual ao produto da medida da hipotenusa pela medida da altura relativa à hipotenusa.
b) Em um triângulo retângulo qualquer, o quadrado da medida de um cateto é igual ao produto da medida da hipotenusa pela medida da projeção ortogonal desse cateto sobre a hipotenusa.
c) Em um triângulo retângulo qualquer, o quadrado da medida da altura relativa à hipotenusa é igual ao produto das medidas das projeções ortogonais dos catetos sobre a hipotenusa.
d) Se a altura relativa à hipotenusa de um triângulo retângulo mede 25 cm e a hipotenusa desse triângulo mede 50 cm, as projeções dos catetos sobre a hipotenusa medem 15 cm e 35 cm.
e) Se em um triângulo retângulo a hipotenusa mede 10 e os catetos medem $2\sqrt{5}$ e $4\sqrt{5}$, a altura correspondente à hipotenusa medirá 4.

2. Encontre a medida h nos triângulos.

a)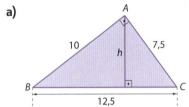

b)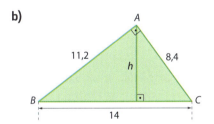

c)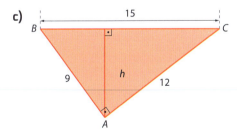

3. Encontre as medidas b e c no triângulo abaixo.

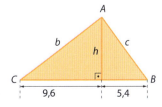

4. Encontre as medidas h e b no triângulo.

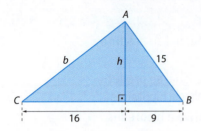

5. Determine a altura relativa da hipotenusa (h) do triângulo retângulo.

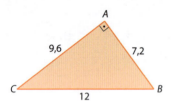

6. Em um triângulo retângulo, os catetos medem 18 cm e 24 cm. Determine a medida:
a) da hipotenusa.

b) da altura relativa à hipotenusa.

c) das projeções ortogonais de cada cateto sobre a hipotenusa.

7. Calcule x nos triângulos retângulos a seguir.

a)
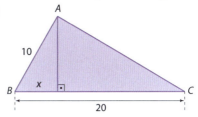

b)
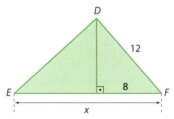

c)
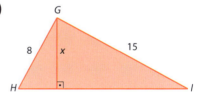

d)
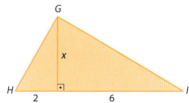

8. Calcule a medida da altura h do triângulo retângulo.

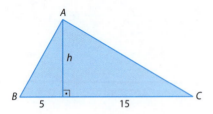

9. Calcule a medida da altura h do triângulo retângulo.

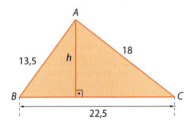

10. Calcule a altura h e as projeções ortogonais m e n no triângulo retângulo abaixo.

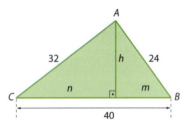

11. Um triângulo retângulo ABC tem as seguintes dimensões: $a = 8,5$; $b = 6,8$; e $c = 5,1$. Sabe-se que $m = 3,06$ é a medida da projeção ortogonal do cateto de medida c sobre a hipotenusa. Calcule a medida da projeção ortogonal n e da altura h.

12. Determine o valor de cada incógnita.

a)
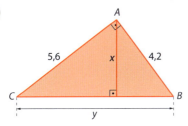

b)
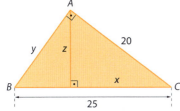

c)
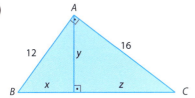

d)
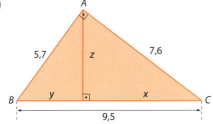

13. Observe no mapa abaixo que o parque é cercado por três ruas. Sabe-se que as ruas Alfa e Beta são perpendiculares entre si.

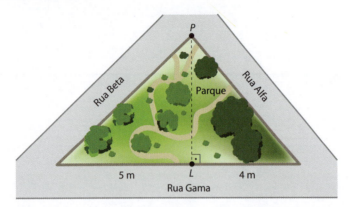

Três amigos estavam no local indicado pelo ponto *P* e combinaram de ir à lanchonete da rua Gama, representada por *L*. Gustavo correu pela rua Alfa e virou à direita na rua Gama; Henrique correu pela rua Beta e virou à esquerda na rua Gama; Ivan caminhou pelo meio do parque, seguindo uma trajetória perpendicular à rua Gama.

a) Quantos metros, aproximadamente, Gustavo correu a mais do que Ivan?

b) Quantos metros, aproximadamente, Henrique correu a mais do que Ivan?

14. André está em um ponto distante 12 m de Bruna, 10 m de Débora e 16 m de Caio, conforme indica a figura a seguir.

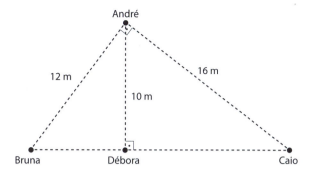

Qual é a distância entre:

a) Bruna e Caio?

b) Bruna e Débora?

c) Débora e Caio?

15. A professora de matemática cortou alguns canudinhos coloridos e montou a figura de um triângulo retângulo, como mostra a figura.

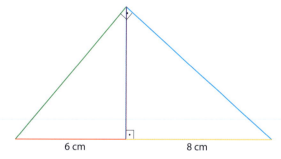

Quais são as medidas aproximadas dos canudinhos azul, verde e roxo?

3. Aplicações do teorema de Pitágoras

1. Verifique qual é a única afirmação errada.
 a) Em qualquer quadrado de lado x, a medida da diagonal vale $x\sqrt{2}$.

 b) Em qualquer triângulo equilátero de lado y, a altura mede $\dfrac{y\sqrt{3}}{2}$.

 c) Em qualquer triângulo isósceles de lado y, a altura relativa à base mede $\dfrac{y\sqrt{3}}{2}$.

2. Calcule:
 a) o perímetro de um quadrado cuja diagonal mede 16;

 b) o perímetro de um quadrado cuja diagonal mede 6;

 c) a diagonal de um quadrado cujo perímetro mede $4\sqrt{2}$;

 d) a diagonal de um quadrado cujo perímetro mede $10\sqrt{2}$.

3. Sabendo que o perímetro de um triângulo equilátero ABC é a metade do perímetro do quadrado ABCD, determine a medida da altura do triângulo.

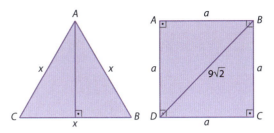

4. Determine a medida de x em cada caso.

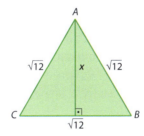
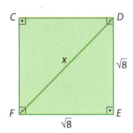

5. Resolva.
a) Qual é a medida da diagonal de um quadrado cujo perímetro é igual a 32 cm?

b) Qual é a medida da altura de um triângulo equilátero cujo perímetro é 72 cm?

c) Qual é o perímetro de um quadrado cuja diagonal mede $9\sqrt{2}$ cm?

d) Qual é o perímetro de um triângulo equilátero cuja altura é $4\sqrt{5}$ cm?

e) Qual é a medida dos lados de um triângulo equilátero cuja altura é $7\sqrt{2}$ cm?

f) Qual é a medida dos lados e o perímetro de um triângulo equilátero cuja altura é $3\sqrt{7}$ cm?

6. Os lados do triângulo equilátero ABC medem 2 cm. Sabendo que os segmentos $\overline{AD}$ e $\overline{DE}$ têm a mesma medida, determine:

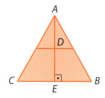

a) a medida do segmento $\overline{AD}$;

b) o perímetro do triângulo AEB.

7. A diagonal do retângulo ABCD mede 12 cm. Determine a medida de AB.

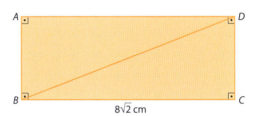

8. Resolva.

a) As diagonais de um losango medem 42 cm e 56 cm. Qual é o perímetro desse losango?

b) Qual é a altura de um triângulo equilátero cujo lado mede 4?

c) Calcule a medida da diagonal de um retângulo que mede 17 cm de comprimento por 6 cm de largura.

9. (Saresp) A altura de uma árvore é 3 m e ela está a 20 m de um edifício cuja altura é 18 m.

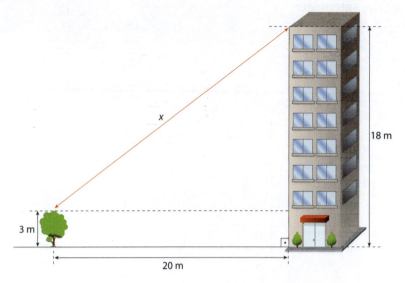

A distância entre o ponto mais alto da árvore e o ponto mais alto do edifício é:
a) 15 m
b) 18 m
c) 20 m
d) 25 m

10. César mora em um sítio e pretende construir um viveiro para criar galinhas, gansos, patos e marrecos. Ele cercou um pedaço do terreno, com tela, no formato de um trapézio retângulo, representado na figura ao lado pelos pontos A, B, C e D. Depois, dividiu esse espaço em quatro partes, colocando tela nas diagonais AC e BD.

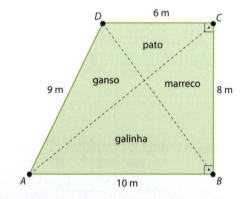

Quantos metros de tela aproximadamente César precisou comprar para construir o viveiro?

11. Todos os dias, Rebeca sai de casa e vai direto para o ponto de ônibus esperar a condução que a leva ao serviço. Certo dia, resolveu passar na padaria para tomar café e depois foi para o ponto esperar a condução.

Nesse dia, quantos metros ela caminhou a mais em relação aos dias em que sai direto de casa para o ponto de ônibus?

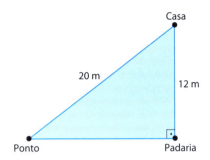

12. Orlando gosta de acampar com seu filho. Ele montou a barraca e, por curiosidade, seu filho mediu alguns comprimentos, conforme indicado na figura ao lado.

Qual é a medida aproximada da altura da barraca?

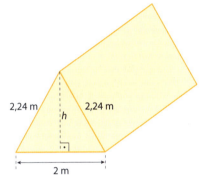

13. Luís quer trocar a lâmpada queimada da arandela que fica na parede da garagem. A figura abaixo mostra a escada que ele apoiou na parede.

Qual é o comprimento da escada de Luís?

14. (Senai) Três ilhas, representadas pelos vértices A, B e C, aparecem num mapa, conforme indica a figura ao lado.

Se a cada 2 cm do mapa corresponde a 50 m da realidade, a distância entre as ilhas A e B é de:
a) 60 m
b) 100 m
c) 120 m
d) 150 m
e) 180 m

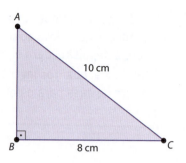

15. O gato de Pedro subiu na árvore e não conseguiu descer. Então, Pedro apoiou uma escada na árvore para resgatar o gato, conforme mostra a figura.
A que altura do solo estava o gato?

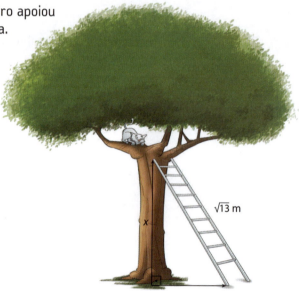

16. Considere uma pista de corrida retangular de 10 m de comprimento e 5 m de largura.

Antes de uma corrida, dois atletas estavam se aquecendo, dando algumas voltas na pista. Sabe-se que Leonardo deu duas voltas completas, partindo do ponto A, passando pelos pontos B, C e D, retornando ao A; e que Adriano deu três voltas completas, partindo do ponto A, passando pelos pontos B e C, voltando pela diagonal AC da pista, sem passar pelo ponto D.

Qual foi o atleta que percorreu a maior distância nesse aquecimento antes da corrida? (Dado $\sqrt{5} \simeq 2{,}24$)

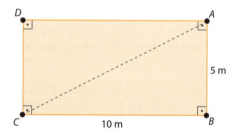

17. (Etec-SP) Em um filme policial, ao investigar um furto, a polícia técnica encontrou uma pegada de sapato de salto alto, conforme mostra a figura.

Pegada de sapato de salto alto

Para solucionar o caso, no laboratório, os peritos fizeram um esquema a partir da pegada do sapato.

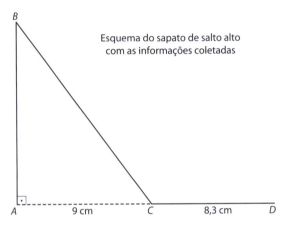

Esquema do sapato de salto alto com as informações coletadas

No esquema, temos que:
- as retas $\overleftrightarrow{AB}$ e $\overleftrightarrow{AD}$ são perpendiculares;
- o ponto C pertence à reta $\overleftrightarrow{AD}$;
- o segmento $\overline{AB}$ representa o salto alto do sapato;
- o segmento $\overline{CD}$ representa a parte do sapato onde o antepé se apoia;
- a medida do segmento $\overline{AC}$ é 9 cm;
- a medida do segmento $\overline{CD}$ é 8,3 cm.

Admita que sapatos com as medidas encontradas possuem, em geral, salto com 12 cm e considere a tabela que apresenta a relação entre comprimento do pé, em centímetros, e o número do sapato.

Comprimento do pé (em cm)	Número do sapato
23,3	35
24,0	36
24,5	37
25,3	38
26,0	39

(guia.mercadolivre.com.br/dica-tabela-numeracao-calcados-centimetros-66732-VGP Acesso em: 7.03.2013. Adaptado.)

Nessa condições, os peritos concluíram que a suspeita usava um sapato de número
a) 35
b) 36
c) 37
d) 38
e) 39

PROGRAMA DE RESOLUÇÃO DE PROBLEMAS — PARTE 2

ESTRATÉGIA PARA CONHECER

Resolver um problema consultando um problema similar

- **Um problema**

Uma lancha está amarrada com uma corda de 20 pés em um ponto de um píer. Nesse momento, o nível do mar está a 12 pés do ponto em que a lancha foi amarrada. Diminuindo o comprimento da corda em 5 pés, quantos pés a lancha deslocará?

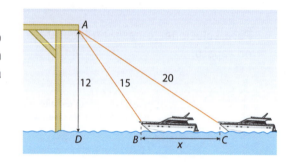

- **Para resolver um problema consultando um similar**

EU DEVO...	PARA...
1 analisar os dados. Foi dado um esquema em que é possível identificar um triângulo com lados medindo 20 pés, 15 pés e x pés. Esse triângulo é obtusângulo.	• identificar uma primeira estratégia de resolução do problema.
2 verificar a estratégia a adotar para resolver o problema. Aparentemente, para resolver esse problema, deve-se encontrar a medida x analisando o triângulo ABC. Como ainda não foi apresentado conteúdo suficiente para o cálculo da medida de um lado de um triângulo obtusângulo, temos de buscar outra forma para calcular x.	• identificar se há outra estratégia de resolução e se, para encontrá-la, é possível comparar o problema proposto com um problema similar.
3 identificar que problema é similar ao proposto. Estudamos, nesta Parte, algumas relações nos triângulos retângulos; por exemplo, o teorema de Pitágoras. $c^2 = a^2 + b^2$ Então, se encontrarmos triângulos retângulos no problema proposto, talvez consigamos determinar a medida x. Analisando a figura, podemos observar dois triângulos retângulos: 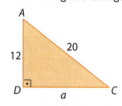	• encontrar pistas de como iniciar a resolução.
4 desenvolver a resolução. Aplicando o teorema de Pitágoras em cada triângulo, temos: • no triângulo ADB $225 = 144 + y^2$ $y^2 = 81$ $y = 9$ • no triângulo ADC $400 = 144 + a^2$ $a^2 = 256$ $a = 16$ O valor de x é: $16 - 9 = 7$ Portanto, a lancha deslocará 7 pés.	• encontrar a solução.

PROBLEMAS PARA RESOLVER

1 A PRAÇA

O chão de uma praça é formado por 4 quadrados congruentes, conforme a figura abaixo. Determine a área dessa praça, sabendo que a medida do segmento tracejado é 20 m.

2 O CUBO

Observe o cubo.

- Calcule a distância do ponto B ao ponto E.

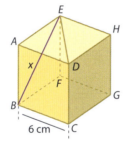

3 A MENOR DISTÂNCIA

Observe o esquema de uma fazenda.

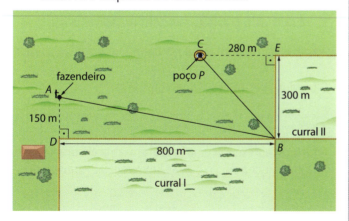

- Um fazendeiro caminhou do ponto A ao ponto B e depois do ponto B ao ponto C conforme esquema. Quantos metros aproximadamente ele caminhou?

PARTE 3

RECORDE

Relações trigonométricas no triângulo

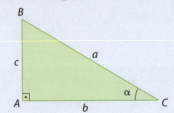

$$\text{sen } \alpha = \frac{c}{a}$$

$$\cos \alpha = \frac{b}{a}$$

$$\text{tg } \alpha = \frac{c}{b}$$

	Seno	Cosseno	Tangente
30°	$\frac{1}{2}$	$\frac{\sqrt{3}}{2}$	$\frac{\sqrt{3}}{3}$
45°	$\frac{\sqrt{2}}{2}$	$\frac{\sqrt{2}}{2}$	1
60°	$\frac{\sqrt{3}}{2}$	$\frac{1}{2}$	$\sqrt{3}$

Em um △ABC qualquer:

- Lei dos senos

$$\frac{\text{sen } \hat{A}}{a} = \frac{\text{sen } \hat{B}}{b} = \frac{\text{sen } \hat{C}}{c}$$

- Lei dos cossenos

$$a^2 = b^2 + c^2 - 2bc \cdot \cos \hat{A}$$
$$b^2 = c^2 + a^2 - 2ac \cdot \cos \hat{B}$$
$$c^2 = a^2 + b^2 - 2ab \cdot \cos \hat{C}$$

Equações do 2º grau com uma incógnita

Equação do 2º grau com incógnita x é toda equação que pode ser escrita na forma $ax^2 + bx + c = 0$, em que a, b e c são números reais e $a \neq 0$.   coeficientes da equação do 2º grau

Raízes de uma equação do 2º grau com uma incógnita

As raízes de uma equação do 2º grau são: $x_1 = \frac{-b + \sqrt{b^2 - 4ac}}{2a}$ e $x_2 = \frac{-b - \sqrt{b^2 - 4ac}}{2a}$

Se a equação do 2º grau for incompleta, do tipo:
- $ax^2 + c = 0$, terá duas raízes reais diferentes e opostas ou não terá raízes reais.
- $ax^2 = 0$, terá duas raízes reais iguais a zero.
- $ax^2 + bx = 0$, terá duas raízes reais diferentes, uma delas igual a zero.

Análise do discriminante $\Delta = b^2 - 4c$ da equação do 2º grau:
- Se $\Delta > 0$, a equação terá duas raízes reais diferentes.
- Se $\Delta = 0$, a equação terá duas raízes reais iguais.
- Se $\Delta < 0$, a equação não terá raízes reais.

A soma das raízes é dada por: $S = -\frac{b}{a}$

O produto das raízes é dado por: $P = \frac{c}{a}$

Uma grandeza em função de outra

Quando há correspondência entre duas grandezas e para cada medida da primeira grandeza ocorre uma única medida correspondente da segunda, dizemos que a segunda grandeza é **função** da primeira.

A fórmula que expressa a relação entre duas grandezas chama-se **lei de formação da função** ou **lei da função**.

Exemplo: $y = 2x + 1$ ou $f(x) = 2x + 1$
— variável independente
— variável dependente

Podemos representar uma função em um gráfico cartesiano.

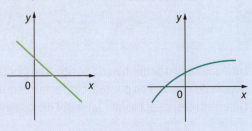

Os gráficos acima podem ser gráficos de funções.

UNIDADE 7 Relações trigonométricas no triângulo retângulo

1. Razões trigonométricas no triângulo retângulo

1. Calcule, para cada triângulo, o sen a, cos a e tg a.

a)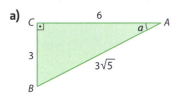

c)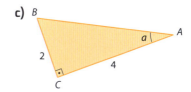

b)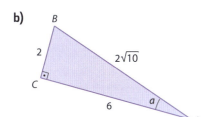

d)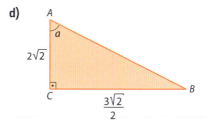

2. Calcule o seno e o cosseno do ângulo $\hat{C}$ no triângulo ABC.

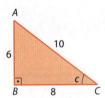

3. Em um triângulo ABC, retângulo em $\hat{C}$, a hipotenusa mede 15 cm e o cateto oposto ao ângulo $\hat{B}$ mede 12 cm. Calcule sen a e sen b.

4. Determine o seno, o cosseno e a tangente do ângulo $\hat{B}$ no triângulo ABC.

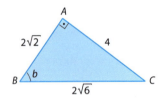

5. A hipotenusa de um triângulo retângulo ABC mede 10 cm e seu ângulo $\hat{B}$ mede 60°. Determine a medida b do cateto oposto e a medida c do cateto adjacente ao ângulo $\hat{B}$.

Dados: sen 60° = $\frac{\sqrt{3}}{2}$ e cos 60° = $\frac{1}{2}$.

6. Determine as medidas de x e y, sabendo que $\cos a = \frac{1}{3}$, $\sen e = \frac{1}{2}$ e $\cos i = \frac{3}{5}$.

a)

b)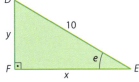

c)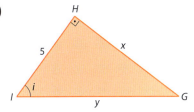

7. Calcule a medida da hipotenusa e do cateto $\overline{AC}$ no triângulo retângulo ABC.

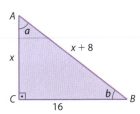

Agora, calcule o que se pede.

a) sen a

b) cos a

c) sen b

d) cos b

2. Tabela de razões trigonométricas

1. Complete o quadro de ângulos notáveis.

x	30°	45°	60°
sen x			
cos x			
tg x		1	

2. Utilizando a tabela trigonométrica do livro-texto, complete o quadro abaixo.

x	sen x	cos x	tg x
1°			
	0,208		
		0,777	
			1,192
65°			
	0,961		
		0,174	
			57,290

3. Determine x e y. Dados: cos 40° = 0,766; sen 40° = 0,643; cos 25° = 0,906; sen 25° = 0,423.

a)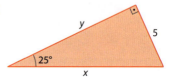

b)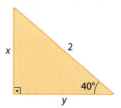

4. Consultando a tabela de razões trigonométricas, determine a medida b do ângulo $\widehat{B}$ em cada triângulo.

a)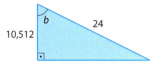

e)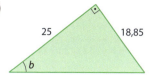

b)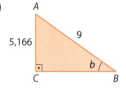

f)

c)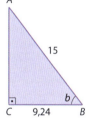

g)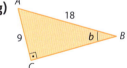

d)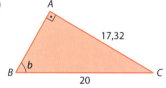

h)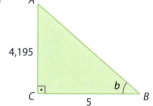

5. Calcule o perímetro dos triângulos.

a)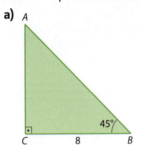

b)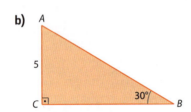

6. De um ponto x rente ao solo, uma formiga observa, sob um ângulo de 60°, o topo de um edifício construído em um terreno plano. Se a distância desse ponto x ao edifício é de $20\sqrt{2}$ metros, qual é a altura do edifício? Adote $\sqrt{6} = 2,45$.

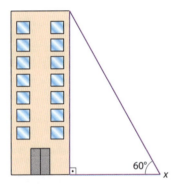

7. A diagonal de um retângulo mede 10 cm e forma um ângulo de 64° com um dos lados. Determine a medida de cada lado desse retângulo e calcule seu perímetro.
Dados: sen 64° = 0,899 e cos 64° = 0,438.

8. (Etec-SP) Um avião está voando paralelo ao solo, conforme ilustra a figura a seguir. Ao avistar a pista de pouso, inclina-se trinta graus em direção ao solo e percorre seis mil metros até tocá-la. Antes de se inclinar para iniciar o pouso, a altura desse avião em relação ao solo é de

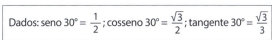

Dados: seno 30° = $\frac{1}{2}$; cosseno 30° = $\frac{\sqrt{3}}{2}$; tangente 30° = $\frac{\sqrt{3}}{3}$

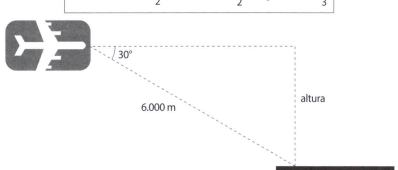

a) 6.000 m
b) 5.000 m
c) 4.000 m
d) 3.500 m
e) 3.000 m

9. Do alto de uma torre de 40 metros de altura, um guarda-florestal avista um incêndio na mata, sob um ângulo de 30° com o plano horizontal.
A que distância da torre está o fogo? Use $\sqrt{3} = 1,7$.

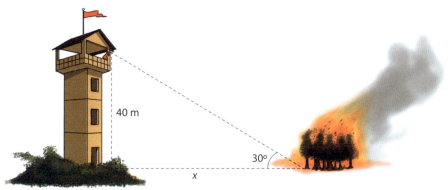

10. Yuri está empinando pipa em um terreno longe da fiação elétrica. Sabe-se que Yuri tem 1,60 m de altura e que a pipa está a 48 metros dele, como mostra o esquema ao lado.
A que altura, aproximadamente, está a pipa?
Dados: sen 40° = 0,643 e cos 40° = 0,766.

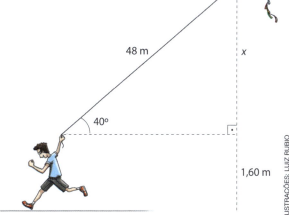

11. Carlos e Célia estão brincando de gangorra no parque. Ao tocar o solo, o lado da gangorra em que Carlos está sentado forma um ângulo de 20° com a horizontal, e o lado em que está Célia se encontra a uma altura de 1 metro do solo.

Qual é o comprimento aproximado da gangorra?
Dados: sen 20° = 0,342 e cos 20° = 0,940.

12. Um passarinho fêmea fez seu ninho em cima do galho de uma árvore. Suponha que, a fim de alimentar o filhote, o pássaro tenha voado 6 metros em linha reta em direção à árvore, sob um ângulo de 30°, como indicado na figura ao lado.
A que altura do solo está o ninho do passarinho?

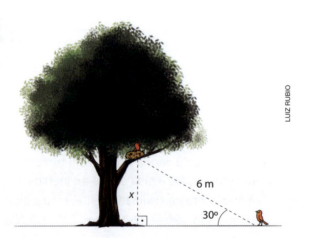

13. Júlio está parado a 4 metros de distância de um poste, próximo à sua casa. Ele observa o ponto mais alto do poste, sob um ângulo de 45° em relação ao plano horizontal, conforme mostra a figura.

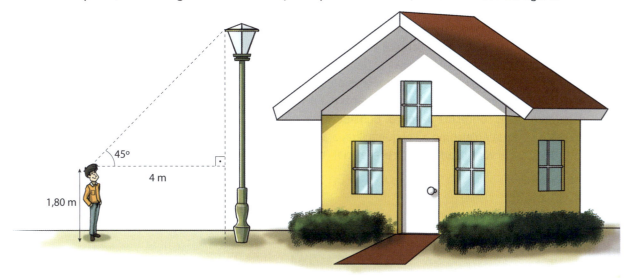

Sabendo que a altura de Júlio é 1,80 m, qual é a altura do poste?

14. Após terminar de fazer a lição de casa, Juliana guardou seu lápis em um porta-lápis de 8 cm de altura. Ela percebeu que 4 cm do lápis ficaram para fora do recipiente, como mostra a figura.

Qual é o comprimento aproximado do lápis de Juliana?
Dados: sen 63° = 0,891; cos 63° = 0,454 e tg 63° = 1,963.

15. (Fatec-SP) Em um trecho reto e plano de uma praia, um topógrafo que está situado em uma rocha (ponto B) observa uma árvore à beira de uma ilha (ponto A). Para estimar a distância entre essa ilha e a praia, ele usa um teodolito, instrumento de medição de ângulos. Primeiramente, ele se situa no ponto B e mede um ângulo de 90° entre a praia e a linha de visão da árvore. Depois disso, ele sai do ponto B, desloca-se em linha reta 160 metros pela praia e mede, de um ponto C, um ângulo de 50° também entre a praia e a linha de visão da árvore, conforme a figura. Considerando que essa parte da praia se situa no mesmo nível que a ilha, a distância da rocha (ponto B) até a árvore usada como referencial (ponto A) é, em metros,

a) 250.
b) 230.
c) 210.
d) 190.
e) 170.

Adote:
sen 50° = 0,76
cos 50° = 0,64

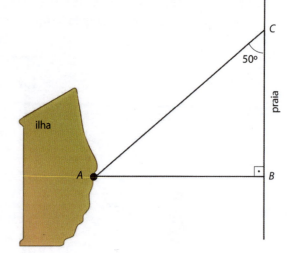

3. Relações trigonométricas no triângulo acutângulo

1. Considere a figura e escreva a lei dos senos.

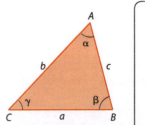

2. Considere a figura e escreva a lei dos cossenos.

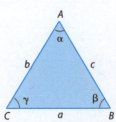

3. Calcule a medida *a* em cada item, aplicando a lei dos senos.
Dados: sen 70° = 0,940, sen 43° = 0,682, sen 65° = 0,906, sen 37° = 0,602.

a)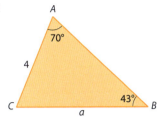

b)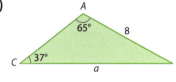

4. Calcule as medidas *a* e *b* nos triângulos, aplicando a lei dos cossenos.

a)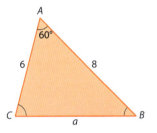

b)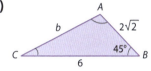

5. Utilizando a tabela trigonométrica, determine α, em grau.

a)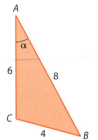

b)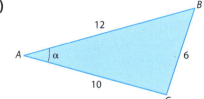

c)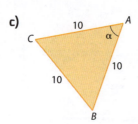

6. Determine a medida da diagonal $\overline{DB}$ no trapézio isósceles ABCD.

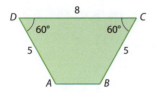

7. Sabendo que sen $45° = \dfrac{\sqrt{2}}{2}$ e sen $60° = \dfrac{\sqrt{3}}{2}$, determine a medida b indicada na figura.

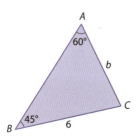

8. Sabendo que sen $30° = \dfrac{1}{2}$ e sen $60° = \dfrac{\sqrt{3}}{2}$, determine a medida a indicada na figura.

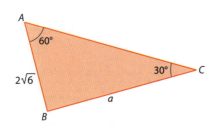

9. (Senai) Uma peça tem o formato de um triângulo qualquer ABC, com lado $AC = 60$ cm, conforme a figura.

Dados: sen 85° = 0,99; sen 50° = 0,76;
cos 85° = 0,08; cos 50° = 0,64.

A medida do lado BC em cm é, aproximadamente,
a) 36.
b) 46.
c) 55.
d) 65.
e) 75.

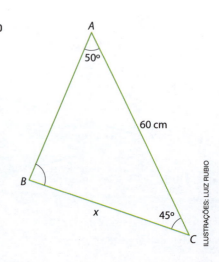

10. Dois pescadores, A e B, estavam à margem de um rio quando avistaram um barco se aproximando, conforme mostra a figura.

Nesse momento, qual era a distância aproximada entre os pescadores A e B?

Dado: sen 45° = 0,707 e sen 67° = 0,921.

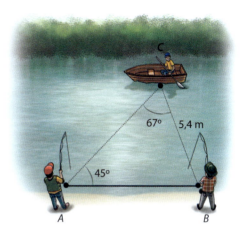

11. A figura mostra um esquema do quarteirão onde fica a casa de Adilson. A distância entre a sorveteria e a padaria é de 7,35 metros.

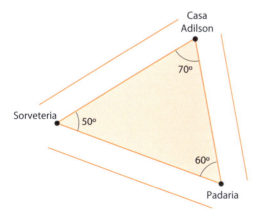

Adote: sen 50° = 0,766
cos 50° = 0,643
sen 60° = 0,866
cos 60° = 0,500
sen 70° = 0,940
cos 70° = 0,342

Qual é a distância aproximada entre a casa de Adilson e a padaria?

12. Suponha que duas formigas partiram do ponto P e caminharam em linha reta, formando um ângulo de 60° entre si, conforme mostra a figura.

Após uma delas caminhar 2 metros, e a outra, 4 metros, qual será a distância aproximada entre as formigas?

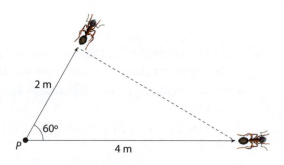

13. Para acessar a entrada de uma loja, foram construídas duas rampas, A e B, com inclinações diferentes, conforme mostra a figura.

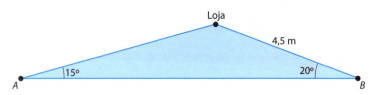

Sabendo que a rampa B tem 4,5 metros de comprimento, qual é o comprimento aproximado da rampa A? Dados: sen 15° = 0,259; cos 15° = 0,966; sen 20° = 0,342 e cos 20° = 0,940.

14. Em uma cidade, após alguns dias de chuva intensa, o asfalto da rua cedeu, abrindo uma grande cratera. Por segurança, os guardas de trânsito fizeram um cordão de isolamento na rua, colocando cordas amarradas em cavaletes, indicados na figura pelos pontos A, B e C.

Quantos metros de corda, aproximadamente, foram utilizados para fazer esse cordão de isolamento?

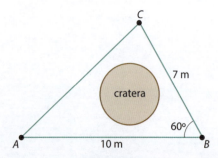

UNIDADE 8 Equação do 2º grau

1. Equação do 2º grau com uma incógnita

1. Indique quais equações são do 2º grau.

a) $x^3 - 2x + 1 = 0$

b) $x^2 - 4x + 2 = 0$

c) $x^4 + 2x^3 + x^2 = 0$

d) $x^2 - 4 = 0$

e) $(x + 4)^2 = 0$

f) $2x^2 - 3x = 5$

g) $(1 - 2x) \cdot x = 4$

h) $-4x + 2 = 0$

2. Escreva as equações abaixo na forma reduzida $ax^2 + bx + c = 0$ (em que $a \neq 0$).

a) $(2x - 3) \cdot (x + 4) - 2x = 8$

b) $(x + 2)^2 - 7x^2 = 3x - 4$

c) $(x - 4)^2 = -2$

d) $\dfrac{5x^2}{3} - \dfrac{1}{6} = \dfrac{2}{3}x + \dfrac{4}{3}x^2$

e) $x + 2 = \dfrac{x - 3}{2x + 1}$ (com $x \neq -\dfrac{1}{2}$)

f) $\dfrac{1}{x} + \dfrac{x + 2}{x - 1} = 2$ (com $x \neq 0$ e $x \neq 1$)

3. Identifique os coeficientes a, b e c de cada equação da atividade anterior.

a) $a =$
   $b =$
   $c =$

b) $a =$
   $b =$
   $c =$

c) $a =$
   $b =$
   $c =$

d) $a =$
   $b =$
   $c =$

e) $a =$
   $b =$
   $c =$

f) $a =$
   $b =$
   $c =$

4. Escreva uma equação para representar os dados do texto abaixo.

"O dobro do quadrado de um número é igual à soma de 1 com a terça parte desse mesmo número."

5. Verifique se 1 é raiz das equações abaixo.
- a) $4x = 4$
- b) $\dfrac{3}{x} = 3$
- c) $(x - 2)^2 = 0$
- d) $x^2 - 1 = 0$
- e) $-11x^2 - 11x = 0$
- f) $2x^2 - 7x = 0$
- g) $x^2 - 10x = 0$
- h) $\dfrac{1}{x} = -1$

6. Uma equação do 2º grau é incompleta quando:
- a) $a = 0, b = 0$ ou $c = 0$.
- b) $a = 0$ ou $b = 0$.
- c) $a = 0$ ou $c = 0$.
- d) $b = 0$ ou $c = 0$.

7. Classifique cada equação do 2º grau em completa ou incompleta.
- a) $2x^2 - 2x - 1 = 0$
- b) $2x^2 - x = 4$
- c) $x^2 + 6 = 0$
- d) $2x^2 - 2x = 0$
- e) $7x^2 = 7$
- f) $\dfrac{2}{9}x^2 + \dfrac{3}{5}x - 3 = 0$

8. Classifique cada afirmação a seguir em V (verdadeira) ou F (falsa).
- a) O número -2 é raiz da equação $x^2 + 4x + 4 = 0$.
- b) As raízes da equação $x^2 - 1 = 0$ são 2 e -2.
- c) O número 3 é raiz da equação $x^2 = 9$.
- d) O número 1 é raiz da equação $\dfrac{4(x^2 + 2)}{2} = 6$.
- e) Os números -9 e $-\dfrac{9}{4}$ são raízes da equação $4x^2 - 12x = -9$.

9. Determine os valores de m para que as equações abaixo **não** sejam do 2º grau.

a) $(m - 2) \cdot x^2 + 2mx + 3m - 4 = 0$

b) $(4m + 2) \cdot x^2 = -3mx + 2m + 4$

c) $(m + 5) \cdot x^2 + 6mx + 18m = -5$

10. Verifique se cada equação a seguir tem raízes reais.

a) $x^2 - 35 = 0$

b) $2x^2 + 8 - 3 = x^2 - 11$

c) $x^2 - 2x + 4 = 4 - 2x$

11. Sabendo que -3 é raiz da equação $ax^2 + 6ax + 9 = 0$, determine o valor de a.

2. Resolução de uma equação do 2º grau incompleta

1. Escreva uma equação em que as medidas dos lados dos retângulos estejam relacionadas às suas áreas e determine o valor de *x*.

a)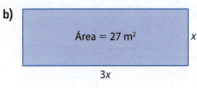

Área = 512 m², 2x, 4x

b) Área = 27 m², x, 3x

2. Determine as raízes reais das equações.

a) $x^2 + 10x = 0$

b) $4x^2 - 16 = 0$

c) $3x^2 - 45x = 0$

d) $x^2 - 10x = 0$

e) $9x^2 + 36x = 0$

f) $x^2 - 25 = 0$

3. O quadrado da idade de Clara menos o quadrado de quatro resulta em 180. Qual é a idade de Clara?

4. A metade do quadrado da nota que tirei em uma avaliação de Matemática é igual a 32. Qual foi minha nota nessa avaliação?

5. Samanta tem mais de um filho. Sabendo que o triplo do quadrado do número de filhos que ela tem é igual a 6 vezes esse número, responda: quantos filhos ela tem?

6. Determine o número real cujo quadrado é igual ao seu quádruplo.

7. Resolva a equação $\dfrac{x^2}{2} + 2x = \dfrac{x}{2} - x^2$.

8. Determine as raízes reais das equações.

a) $(x - 2) \cdot (x - 4) = -6x + 12$

b) $(8 + 6x)^2 - 96x = 100$

c) $x + 1 = \dfrac{24}{x - 1}$, com $x \neq 1$

d) $\dfrac{3}{5}x^2 + 3x = x^2 + \dfrac{5}{3}x$

e) $x + 4 = \dfrac{8}{x + 2}$, com $x \neq -2$

f) $(x + 5) \cdot (x - 2) = 3 \cdot (x - 2)$

9. Observe o retângulo e determine suas dimensões.

Área = 128 m²; lados: $x - 4$ e $x + 4$

10. A área de um triângulo é de 121,5 cm². Determine as medidas da base e da altura, sabendo que sua altura equivale a $\frac{3}{4}$ da medida da base desse triângulo.

11. Sabendo que a área do quadrado é igual à área do retângulo, determine o perímetro das figuras.

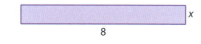

3. Resolução de uma equação do 2º grau completa

1. Resolva as equações no conjunto $\mathbb{R}$.

a) $x^2 - 16x + 64 = 0$

b) $2x^2 - 16x + 32 = 0$

2. Resolva as equações no conjunto $\mathbb{R}$.

a) $x^2 + 8x + 7 = 0$

c) $x^2 + 6x - 16 = 0$

b) $4 - x^2 = 2x + 1$

d) $x^2 + 2x - 2 = 10$

3. Quatro vezes o quadrado de um número somado com 4 resulta em 8 vezes esse número. Calcule esse número.

4. Uma tela de pintura tem 2.400 cm² de área. Sabendo que a altura da tela corresponde a uma vez e meia a sua largura, determine suas dimensões.

4. Fórmula de resolução de equação do 2º grau

1. Complete o quadro com os coeficientes e o discriminante das equações do 2º grau abaixo.

Equação	a	b	c	$\Delta = b^2 - 4ac$
$3x^2 - 4x + 1 = 0$				
$x^2 + 3x - 4 = 0$				
$-3x^2 + 2x - 1 = 0$				

2. Calcule o discriminante e as raízes x_1 e x_2 das equações.

a) $-x^2 + 2x + 3 = 0$

b) $3x^2 + 4x + 1 = 0$

c) $-3x^2 + 4x + 4 = 0$

d) $5x^2 - 3x - 2 = 0$

e) $x^2 + x - 6 = 0$

f) $2x^2 + 5x - 7 = 0$

3. Resolva em $\mathbb{R}$ as equações incompletas do 2º grau usando a fórmula resolutiva.

a) $x^2 + 4x = 0$

b) $\sqrt{\dfrac{6}{5}}x^2 = 0$

c) $-x^2 + 144 = 0$

d) $x^2 - 16x = 0$

4. Escreva as equações na forma reduzida e determine suas raízes reais.

a) $x(x + 3) = 3(x + 3)$

b) $(x + 2)^2 = 4 - x^2$

c) $\dfrac{x^2}{3} - \dfrac{x}{3} = \dfrac{1}{4}$

d) $2x(x + 4) = (x + 3)^2 - 6$

5. Análise das raízes de uma equação do 2º grau

1. Determine o valor de k para que a equação $x^2 - 6x - 3k = 0$ tenha duas raízes reais e diferentes.

2. Determine o valor de m para que a equação $-5x^2 + mx - 45 = 0$ tenha duas raízes reais iguais.

3. Qual deve ser o valor do coeficiente c para que a equação $-10x^2 - 5x + c = 0$ tenha raízes reais iguais?

4. Qual deve ser o valor do coeficiente p para que a equação $-2px^2 - x - 2 = 0$ não tenha raízes reais?

5. Determine o valor de *m* para que a equação $3mx^2 - x + 4 = 0$ não tenha raízes reais.

6. Determine o valor de *w* para que a equação $\sqrt{2}\,x^2 + wx + \sqrt{2} = 0$ tenha duas raízes reais iguais.

7. Determine o valor de *k* para que a equação $4x^2 + 2x + (k - 6) = 0$ tenha duas raízes reais e distintas.

8. Determine o valor do coeficiente *p* para que a equação $x^2 - 2x - p = 0$ não tenha raízes reais.

9. Classifique cada sentença em V (verdadeira) ou F (falsa).

   a) A soma das raízes reais x_1 e x_2 de uma equação do 2º grau $ax^2 + bx + c = 0$ é $-\dfrac{b}{a}$. ☐

   b) O produto das raízes reais x_1 e x_2 de uma equação do 2º grau $ax^2 + bx + c = 0$ é $\dfrac{c}{a}$. ☐

10. Determine a soma e o produto das raízes das equações.

a) $9x^2 + 6x + 1 = 0$

b) $x^2 + 2x - 8 = 0$

c) $4x^2 - x - 3 = 0$

d) $36x^2 + 60x + 18 = 0$

e) $x^2 - 3x + 1 = 0$

f) $3x^2 + 6x + 2 = 0$

g) $-7x^2 - 7x + 1 = 0$

h) $3x^2 - 24x - 3 = 0$

11. Determine o valor de k na equação $6x^2 - x + k + 1 = 0$ para que o produto das raízes seja $\frac{1}{2}$.

12. Determine o valor de w na equação $4x^2 - wx + 2 = 0$ para que a soma de suas raízes seja 8.

13. O produto das raízes da equação $2x^2 - kx + 1 = 0$ é:
a) 3
b) 5
c) $-\dfrac{1}{2}$
d) $\dfrac{1}{2}$
e) 2

14. Na equação $(k + 2)x^2 - 12x + 6 = 0$, com $k \neq -2$, uma das raízes é o inverso da outra. Determine o valor de k.

15. Na equação $4x^2 - 5x + 2b - 1 = 0$, a soma e o produto das raízes são iguais. Calcule o valor de b.

16. (IF-BA) Considere a equação do 2º grau, em x, dada por $5x^2 + bx + c = 0$. Se as raízes dessa equação são $r_1 = -1$ e $r_2 = \dfrac{2}{5}$, então o produto $b \cdot c$ é igual a:
a) 1
b) 5
c) -5
d) 6
e) -6

17. (Fuvest-SP) Sejam x_1 e x_2 as raízes da equação $10x^2 + 33x - 7 = 0$. Qual é o número inteiro mais próximo do número $5x_1 \cdot x_2 + 2(x_1 + x_2)$?

18. (PUC-Rio) As duas soluções de uma equação do 2º grau são -1 e $\frac{1}{3}$. Escreva qual é a equação do 2º grau, na sua forma reduzida.

6. Resolvendo problemas que envolvem equações do 2º grau

1. A soma de um número real com seu quadrado é 42. Determine esse número.

2. Do quadrado de um número real subtraímos o triplo desse número, resultando 4. Determine esse número.

3. Antônio cercará com 3 voltas de arame farpado uma chácara retangular com área de 1.200 m². Quantos metros de arame farpado ele terá que comprar para fazer essa cerca sabendo que um dos lados da chácara mede o triplo do outro?

4. Subtraindo o inverso de um número real qualquer desse mesmo número, obtemos $\frac{3}{2}$. Determine esse número.

5. Adicionando um número inteiro real qualquer, diferente de zero, ao inverso desse mesmo número, obtemos $\frac{51}{12}$. Determine esse número.

6. A área da região colorida na figura é 25 m². Calcule o valor de x.

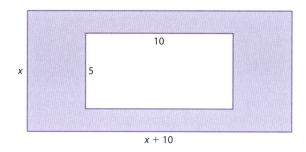

7. Determine, pelo método de Al-Khwarizmi, as raízes da equação $x^2 + 8x = 65$.

8. Calcule a medida dos lados de cada retângulo abaixo.

a)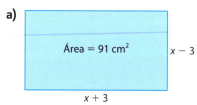

b)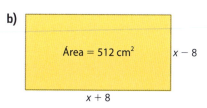

9. A área de um retângulo é 216 e sua altura é $\frac{1}{6}$ de sua base. Calcule suas dimensões.

10. A soma de um número com seu quadrado é 30. Calcule esse número.

7. Equações redutíveis a uma equação do 2º grau

1. Determine a condição de existência das equações fracionárias.

a) $\dfrac{1}{2x} = 4x$

b) $\dfrac{2}{7x} = 14$

c) $\dfrac{4}{x} - \dfrac{6}{x-2} = 8$

d) $\dfrac{4}{3x-6} - \dfrac{2x+1}{5x} = \dfrac{4}{3x}$

e) $\dfrac{14}{x+14} + \dfrac{7}{x-7} = 12$

f) $\dfrac{11}{x-5} + \dfrac{4}{x-3} = 1$

g) $\dfrac{5}{5-x} + \dfrac{1}{x+1} = 4 - \dfrac{2}{4x}$

h) $\dfrac{2}{x+6} + \dfrac{3}{x-9} = 6 + \dfrac{4}{9x}$

2. Resolva as equações fracionárias em $\mathbb{R}$.

a) $\dfrac{x+2}{x-2} = x - 4$, com $x \neq 2$

b) $\dfrac{2x}{2x-4} + 6 = 3x$, com $x \neq 2$

c) $\dfrac{25x}{x+2} = 3x - 4$, com $x \neq -2$

d) $\dfrac{-2x-2}{x+2} = \dfrac{4}{3}x$, com $x \neq -2$

e) $\dfrac{x-1}{x+1} + \dfrac{x-2}{x} = 5$, com $x \neq -1$ e $x \neq 0$

f) $\dfrac{6x}{x+3} - \dfrac{8}{x-3} = -1$, com $x \neq -3$ e $x \neq 3$

g) $\dfrac{4x+3}{3x} - \dfrac{2x+1}{2x-1} = 0$, com $x \neq 0$ e $x \neq \dfrac{1}{2}$

h) $\dfrac{x^2 - 9}{x - 4} + \dfrac{1}{x - 4} = -1$, com $x \neq 4$

i) $\dfrac{x - 4}{x + 2} + \dfrac{x + 1}{x - 2} = -3$, com $x \neq +2$ e $x \neq -2$

j) $\dfrac{x - 4}{x^2 - 1} = \dfrac{4}{x}$, com $x \neq -1$, $x \neq 1$ e $x \neq 0$

3. (Fuvest-SP) Resolva a equação.

$$\dfrac{2}{x^2 - 1} + \dfrac{1}{x + 1} = -1$$

4. Um grupo de amigos comprou uma bola por R$ 48,00, dividindo esse valor em partes iguais. Se esse grupo tivesse 8 pessoas a mais, cada uma pagaria R$ 1,00 a menos. Quantas pessoas há nesse grupo?

5. Uma banda com vários instrumentistas dividiu a despesa com a compra de um amplificador que custou R$ 400,00. Se essa banda tivesse 5 pessoas a menos, cada uma pagaria R$ 4,00 a mais. Quantas pessoas há nessa banda?

6. Encontre a solução da equação fracionária $\dfrac{\frac{1}{x-1}}{\frac{1}{2}} + \dfrac{\frac{1}{x}}{x+1} = \dfrac{\frac{5}{x+1}}{\frac{x-1}{x}}$, com $x \neq 0, 1$ e -1, em $\mathbb{R}$.

7. Determine as raízes das equações biquadradas.

a) $x^4 - 8x^2 + 12 = 0$

b) $x^4 + 9x^2 + 20 = 0$

c) $x^4 + x^2 - 12 = 0$

d) $4x^4 - 28x^2 + 48 = 0$

e) $9x^4 + 9x^2 - 10 = 0$

f) $x^4 - 12x^2 + 35 = 0$

g) $x^4 + 12x^2 + 32 = 0$

h) $64x^4 - 96x^2 + 35 = 0$

8. Resolva equação fracionária $\dfrac{\frac{1}{x}}{x} + \dfrac{\frac{1}{x}}{x} = 0$, com $x \neq 0$, em $\mathbb{R}$.

9. Determine as raízes da equação $\dfrac{\frac{1}{x^2}}{x^2} + \dfrac{\frac{1}{x}}{x} = 2$, com $x \neq 0$, em $\mathbb{R}$.

10. O quadrado do quadrado de um número w somado ao seu próprio quadrado resulta em 2. Determine o número w.

11. O quadrado do quadrado de um número k somado ao dobro de seu próprio quadrado resulta em 24. Determine esse número.

12. Encontre as raízes da equação $\dfrac{x^2 + x}{x^2 - 1} + \dfrac{x^3}{x + 1} = -x$, com $x \neq 1$ e $x \neq -1$, em $\mathbb{R}$.

13. Calcule a soma das raízes da equação $x^4 - 8x^2 + 16 = 0$ em $\mathbb{R}$.

14. Determine as raízes reais das equações abaixo.

a) $2\sqrt{x + 10} = x - 5$

b) $4\sqrt{x + 1} = x + 4$

c) $\sqrt[3]{27x^3 + x^2 - x - 2} = 3x$

d) $\sqrt[4]{16x^4 + 4x^2 - 8x + 4} = 2x$

15. Classifique cada afirmação em V (verdadeira) ou F (falsa).

a) $\sqrt{4x + 13} = x - 2$ tem como raízes dois números ímpares. ☐

b) $\sqrt{3x + 10} = x + 4$ tem como raízes dois números negativos. ☐

c) $2\sqrt{x-2} = 2 - x$ tem como raízes dois números pares. ☐

d) $\sqrt{12 - 4x} = 4 - x$ não tem raízes reais. ☐

16. A raiz quadrada da soma de 22 com a raiz quadrada da soma de 5 com a raiz quadrada de um número x é igual a 5. Encontre o valor de x em $\mathbb{R}$.

17. Assinale a alternativa que apresenta as raízes reais da equação $\sqrt{x + \sqrt{x-2}} = \sqrt{2x-2}$.
   a) -4 e 1
   b) 1 e -2
   c) 3 e -2
   d) 3 e 2
   e) -3 e 1

18. Determine as raízes reais da equação $\sqrt{\sqrt{x^2 + 2}} = x$.

8. Sistemas de equações do 2º grau

1. Resolva os sistemas de equações abaixo.

a) $\begin{cases} y^2 = 13 - x^2 \\ x = 1 + y \end{cases}$

b) $\begin{cases} y + 3x = 5 \\ 3xy + 4 = 2y \end{cases}$

c) $\begin{cases} x^2 + y^2 = 5 \\ x + y = 1 \end{cases}$

2. Roberto utilizou 300 m de arame para contornar apenas uma vez um terreno retangular de 5.000 m² de área. Quais são as dimensões desse terreno?

3. Paulo tem um jardim de formato retangular, cuja área é 32 m². Ele resolveu aumentar esse jardim 2 m para cada lado. Com isso, a área do jardim aumentará 28 m². Determine:

a) as dimensões atuais do jardim;

b) as dimensões do jardim após o aumento de sua área.

4. A soma das áreas de dois polígonos é 3 m². Sabe-se que: um deles tem quatro lados de medida x cada um; o outro tem dois lados medindo x e dois lados medindo y cada um. Sabe-se ainda que $y - x = 5$ e que todos os ângulos internos dos polígonos medem 90°. Determine x e y.

5. A diferença entre dois números é 6 e o produto deles é 16. Determine esses números.

6. Resolva os sistemas de equações abaixo.

a) $\begin{cases} 2x - y = 6 \\ xy = 20 \end{cases}$

b) $\begin{cases} xy + 10 = 24 - x \\ x^2 - 4 = 0 \end{cases}$

c) $\begin{cases} x - y = 1 \\ x^2 + x - 3y = 3 \end{cases}$

d) $\begin{cases} xy = -4 \\ 3x + 2y = 2 \end{cases}$

e) $\begin{cases} 2x + 4y = -14 \\ xy = -30 \end{cases}$

f) $\begin{cases} 5x = 10 - 5y \\ x^2 + y^2 = 2 \end{cases}$

7. Determine a solução do sistema de equações $\begin{cases} 3\sqrt{3x - y} = 2\sqrt{5x - 1} \\ x^2 + 3x - 5y = 0 \end{cases}$ em $\mathbb{R}$:

8. (Fuvest-SP) A soma e o produto das raízes da equação do 2º grau

$(4m + 3n)x^2 - 5nx + (m - 2) = 0$ valem, respectivamente, $\dfrac{5}{8}$ e $\dfrac{3}{32}$.

Qual é o valor de $m + n$?

9. (Unesp) Um grupo de x estudantes se juntou para comprar um computador portátil (*notebook*) que custa R$ 3.250,00. Alguns dias depois, mais três pessoas se juntaram ao grupo, formando um novo grupo com $x + 3$ pessoas. Ao fazer a divisão do valor do computador pelo número de pessoas que estão compondo o novo grupo, verificou-se que cada pessoa pagaria R$ 75,00 a menos do que o inicialmente programado para cada um no primeiro grupo. Qual é o número x de pessoas que formavam o primeiro grupo?

UNIDADE 9 Funções

1. Ideia de função

1. Pedro dá aulas particulares de Matemática para diversos alunos do Ensino Fundamental. Ele cobra R$ 15,00 por hora trabalhada.

Observe o quadro a seguir, complete-o com os dados que faltam e resolva as questões.

Quantidade de aulas dadas	1	2	3	6
Valor recebido (em real)	15	30		

a) Calcule quanto Pedro receberá por 15 horas de aula.

b) Escreva a lei dessa função, considerando t a quantidade de aulas dadas e v o valor recebido.

2. Um pedreiro cobra R$ 30,00 por metro quadrado construído.

Observe o quadro a seguir, complete-o com os dados que faltam e resolva as questões.

Metro quadrado construído	1	5	15	40
Valor recebido (em real)	30		450	

a) Calcule a quantidade de metros quadrados construídos sabendo que ele recebeu R$ 1.740,00.

b) Escreva a lei dessa função, considerando t a quantidade de metros quadrados construídos e v o valor recebido.

3. Um equipamento envasador tem capacidade para envasar determinado número de garrafas de 2 litros de refrigerante, conforme descrito no quadro.

Velocidade de envasamento do equipamento	
Tempo (em minuto)	Número de garrafas envasadas
3	4.959
9	14.877
12	19.836

a) Quantas garrafas de refrigerante a máquina envasa por minuto?

b) Escreva uma lei que relacione t (tempo em minuto) com n (número de garrafas envasadas).

4. (Saresp) A sentença algébrica $d = \dfrac{12}{h}$ relaciona o número d de dias e o número h de horas trabalhadas por um sapateiro, por dia, para fazer uma certa quantidade de sandálias. Supõe-se que o trabalhador produza a mesma quantidade de sandálias por hora trabalhada. Qual das tabelas abaixo expressa, de forma correta, a sentença algébrica?

a)

Número de horas (h)	10	8	6
Número de dias (d)	2	4	6

b)

Número de horas (h)	12	9	6
Número de dias (d)	6	3	2

c)

Número de horas (h)	12	6	4
Número de dias (d)	6	3	2

d)

Número de horas (h)	2	4	6
Número de dias (d)	6	3	2

5. Romeu fez uma viagem de carro para visitar sua família em uma cidade do interior. A distância percorrida por ele na viagem é dada em função da velocidade média do veículo e o do tempo gasto, conforme indica a lei da função $S = V \cdot t$, sendo S a distância percorrida em quilômetro (km), V a velocidade média do veículo em quilômetro por hora (km/h) e t o tempo em hora (h).

a) Sabe-se que Romeu manteve uma velocidade média de 80 km/h durante toda a viagem e chegou ao destino em 11 horas. Qual foi a distância percorrida por ele nessa viagem?

b) Se Romeu dirigisse seu veículo a uma velocidade média de 110 km/h durante toda a viagem, quanto tempo levaria para chegar ao destino, percorrendo o mesmo trajeto?

6. (Enem) Cinco empresas de gêneros alimentícios encontram-se à venda. Um empresário, almejando ampliar os seus investimentos, deseja comprar uma dessas empresas. Para escolher qual delas irá comprar, analisa o lucro (em milhões de reais) de cada uma delas, em função de seus tempos (em anos) de existência, decidindo comprar a empresa que apresente o maior lucro médio anual. O quadro apresenta o lucro (em milhões de reais) acumulado ao longo do tempo (em anos) de existência de cada empresa.

Empresa	Lucro (em milhões de reais)	Tempo (em anos)
F	24	3,0
G	24	2,0
H	25	2,5
M	15	1,5
P	9	1,5

O empresário decidiu comprar a empresa:

a) F
b) G
c) H
d) M
e) P

2. A notação f(x)

1. Observe os números do quadro a seguir.

x	−1	0	1	2
f(x)	−3	0	3	6

a) Determine a lei dessa função.

b) Calcule o valor de f(x) para $x = -\dfrac{3}{2}$.

2. Observe os números do quadro a seguir.

x	−1	0	1	2
f(x)	−5	0	5	10

a) Determine a lei dessa função.

b) Calcule o valor de f(x) para $x = -8$.

c) Qual é o valor de x quando f(x) = 85?

3. Observe os números do quadro a seguir.

x	−2	−1	0	1
f(x)	−1	$-\frac{1}{2}$	0	$\frac{1}{2}$

a) Determine a lei dessa função.

b) Calcule o valor de f(x) para $x = \frac{4}{3}$.

c) Qual é o valor de x quando $f(x) = -22$?

4. Observe os números do quadro a seguir.

x	−1	0	1	4
f(x)	3	0	−3	−12

a) Determine a lei dessa função.

b) Calcule o valor de f(x) para $x = -\frac{1}{3}$.

c) Qual é o valor de x quando $f(x) = \frac{4}{3}$?

5. Considere a função $f(x) = \dfrac{x+2}{x}$, em que x é um número real não nulo. Agora, determine:

a) $f(-1)$

b) $f(4)$

c) o valor de x para $f(x) = 6$

6. Considere a função $f(x) = \dfrac{x}{x-4}$, em que $x \in \mathbb{R}$ e $x \neq 4$. Agora, determine:

a) $f(-1)$

b) $f(3)$

c) o valor de x para $f(x) = 2$

7. Considere a função $f(x) = \dfrac{x+1}{x-2}$, em que $x \in \mathbb{R}$ e $x \neq 2$. Agora, determine:

a) $f(-5)$

b) $f(-2)$

c) o valor de x para $f(x) = 6$

8. Considere a função $f(x) = \dfrac{2x-1}{x+1}$, em que $x \in \mathbb{R}$ e $x \neq -1$. Agora, determine:

a) $f(0)$

b) $f(-3)$

c) o valor de x para $f(x) = 5$

9. Considere a função $f(x) = \dfrac{3x - 2}{x - 1}$, em que $x \in \mathbb{R}$ e $x \neq 1$. Agora, determine:

a) $f\left(\dfrac{1}{3}\right)$

b) $f(6)$

c) o valor de x para $f(x) = 6$

10. Observe a relação entre a quantidade de lápis e o preço total correspondente.

Quantidade de lápis (x)	1	2	3	4
Preço (em real)	0,25	0,50	0,75	1,00

a) Verifique se o preço é função da quantidade de lápis.

b) Escreva a lei dessa função f.

c) Qual é o preço de 16 lápis?

11. Observe a relação entre o número de litros de gasolina e o preço total correspondente.

Quantidade de litros de gasolina (x)	1	4	8	10
Preço (em real)	2,60	10,40	20,80	26,00

a) Verifique se o preço é função da quantidade de litros de gasolina.

b) Escreva a lei dessa função f.

c) Quantos litros de gasolina correspondem ao preço de R$ 44,20?

12. Clara e mais duas amigas estavam estudando funções quando chegaram ao seguinte exercício da lista distribuída pela professora:

> Considere a função $y = -3x + 5$.
> Calcule $f\left(-\dfrac{1}{3}\right)$ e $f\left(\dfrac{7}{3}\right)$.

As três amigas resolveram esse exercício e encontraram as seguintes soluções:

Maria
$f\left(-\dfrac{1}{3}\right) = 6$
$f\left(\dfrac{7}{3}\right) = 2$

Clara
$f\left(-\dfrac{1}{3}\right) = -6$
$f\left(\dfrac{7}{3}\right) = -2$

Duda
$f\left(-\dfrac{1}{3}\right) = 6$
$f\left(\dfrac{7}{3}\right) = -2$

Quem resolveu corretamente o exercício?

13. Robson comprou três chocolates por R$ 4,50.

a) Quanto custou cada chocolate?

b) Escreva a lei da função que relaciona o preço (P) a ser pago em função do número (x) de chocolates.

c) Quantos chocolates Robson teria comprado se gastasse R$ 52,50?

14. Flávio foi aprovado em uma entrevista de emprego e precisou providenciar algumas cópias de seus documentos pessoais para encaminhar à empresa. No balcão de atendimento da copiadora a que ele foi, havia a seguinte placa:

Cópia	Preço por cópia (em real)
Preto e branco	0,50
Colorida	1,20

a) Escreva uma função para relacionar o valor pago por determinada quantidade de cópias em preto e branco, chamando de P o total a pagar e de n o número de cópias em preto e branco.

b) Escreva uma função para relacionar o valor pago por determinada quantidade de cópias coloridas, chamando de T o total a pagar e de x o número de cópias coloridas.

c) Quanto Flávio pagaria por 3 cópias coloridas e 5 cópias em preto e branco?

d) Sabendo que Flávio solicitou apenas cópias em preto e branco e pagou R$ 4,50, responda: quantas cópias ele solicitou?

15. A caixa-d'água da casa de Osvaldo tem capacidade para 1.000 litros e está com um pequeno vazamento. A quantidade de água perdida pela caixa-d'água, em função do tempo, está representada no quadro.

Tempo (em hora)	1	2	3
Quantidade de água (em litro)	0,5	1	1,5

a) Escreva a lei da função que representa essa situação, sendo Q a quantidade de água que vaza da caixa-d'água (em litro) e t o tempo (em hora).

b) Quantos litros de água vazam dessa caixa-d'água em 6 horas?

c) Se Osvaldo não consertar o vazamento, quantos litros de água serão desperdiçados por dia?

Lembre-se de que um dia tem 24 horas.

d) Se Osvaldo levar quatro dias para consertar o vazamento, quantos litros de água vazarão durante esse tempo?

16. O consumo de energia elétrica de uma residência é medido em quilowatt-hora (kWh) e depende do tempo (em hora) em que ficam ligados os aparelhos elétricos durante o mês. Suponha que, em determinada cidade, o preço do quilowatt-hora seja R$ 0,18 e que a função que relacione o total a ser pago (P), em real, e o consumo mensal (x), em quilowatt-hora, seja dada por $P = 0,18x$.

a) Qual é o valor a ser pago pelo consumo mensal de 150 kWh em uma residência dessa cidade?

b) No mês de junho, o morador de uma residência dessa cidade pagou R$ 33,30. Qual foi o consumo de energia elétrica, em quilowatt-hora, correspondente a esse gasto?

3. Representação gráfica de uma função

1. Um homem anda a uma velocidade calculada em passos por segundo, conforme mostra o quadro.

Quantidade de passos	0	2	4	6
Tempo (em segundo)	0	1	2	3

a) Escreva a lei dessa função, chamando de x a quantidade de passos e de y o tempo (em segundo).

b) Após quantos segundos de caminhada o homem terá percorrido 126 passos?

c) Represente no sistema cartesiano o gráfico correspondente a essa função.

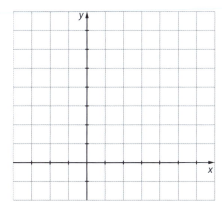

d) O gráfico dessa função é uma reta?

2. Uma loja de fotografias está fazendo uma promoção para a impressão de fotos. O quadro representa o preço da impressão de cada dúzia de fotos.

Quantidade de fotos (em dúzia)	1	2	3	4
Preço (em real)	3	6	9	12

a) Escreva a lei dessa função, chamando de x a quantidade de fotos (em dúzia) e de y o preço por foto (em real).

b) Se gastarmos R$ 72,00, quantas fotos imprimiremos?

c) Represente no sistema cartesiano o gráfico correspondente a essa função.

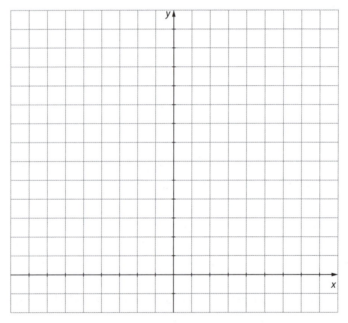

d) Considerando os valores da promoção, existe alguma quantidade de foto que dê um desconto maior?

3. Um feirante vende maçãs pelo preço representado no quadro abaixo.

Quantidade de maçãs	4	8	12	16
Preço (em real)	4	8	12	16

a) Escreva a lei dessa função, chamando de x a quantidade de maçãs e de y o preço (em real).

b) Se gastarmos R$ 100,00, quantas maçãs levaremos?

c) Represente no sistema cartesiano o gráfico correspondente a essa função.

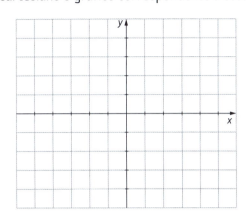

4. Construa o gráfico que representa cada função definida a seguir, considerando *x* pertencente ao conjunto dos números reais.

a) $f(x) = 2 - 5x$

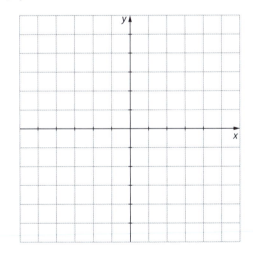

c) $f(x) = 4 + x$

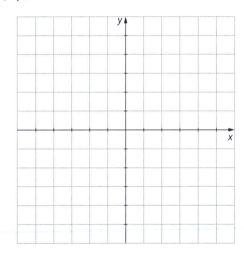

b) $f(x) = x + 3$

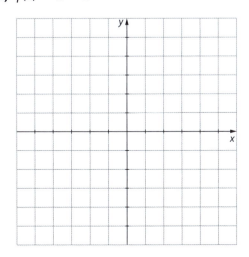

d) $f(x) = 2x - 4$

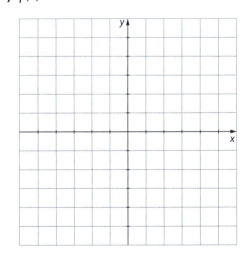

5. Observe as representações a seguir e identifique o gráfico correspondente à função definida pela lei $f(x) = x - 2$.

a)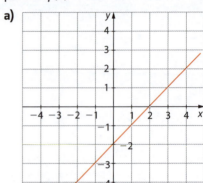

b)

6. Associe os gráficos com as leis das funções correspondentes.

1. $f(x) = 2x - 2$
2. $f(x) = 2 - x$
3. $f(x) = x + 2$
4. $f(x) = 3x - 2$

a)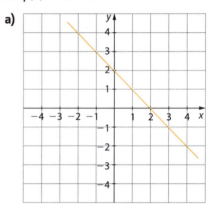

c)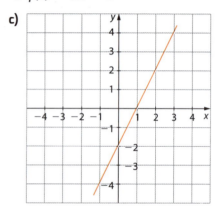

b)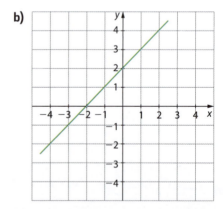

d)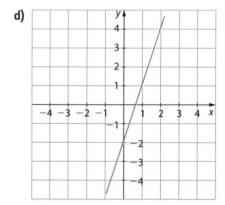

7. Sendo $f(x) = 2x + 2$, então $\dfrac{f(12) - f(7)}{f(4) - f(3)}$ é:

a) 5
b) 4
c) −5
d) −4
e) 3

8. Observe o gráfico de uma função desenhado por Ruan.

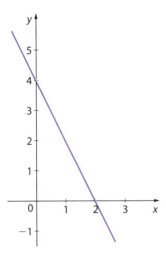

Das funções abaixo, qual representa esse gráfico?
- $y = -2x + 2$
- $y = -4x + 2$
- $y = 2x + 4$
- $y = -2x + 4$

---

9. Pietro desafiou Ricardo para uma corrida de 20 km de bicicleta. Ricardo permitiu que Pietro ficasse 4 km à sua frente no momento da largada. O gráfico abaixo apresenta o desempenho deles durante a execução da prova, sendo dada a distância percorrida por eles (em quilômetro) em função do tempo (em minuto).

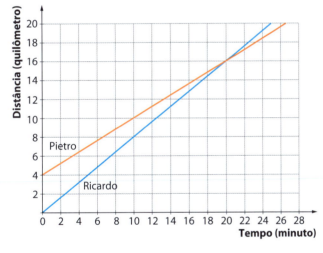

a) Após a largada, em quanto tempo Ricardo alcançou Pietro?

b) A que distância da largada eles estavam nesse momento?

c) Quem ganhou a corrida? Justifique sua resposta.

10. Em um hexágono regular cujo perímetro y é função da medida de seus lados medindo x, determine:
a) a lei dessa função.

b) a medida de x, sendo o perímetro 54.

11. (Obmep) O professor Michel aplicou duas provas a seus dez alunos e divulgou as notas por meio do gráfico mostrado abaixo. Por exemplo, o aluno A obteve notas 9 e 8 nas provas 1 e 2, respectivamente; já o aluno B obteve notas 3 e 5. Para um aluno ser aprovado, a média aritmética de suas notas deve ser igual a 6 ou maior do que 6. Quantos alunos foram aprovados?
a) 6
b) 7
c) 8
d) 9
e) 10

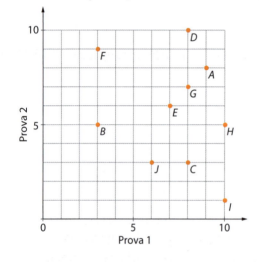

PROGRAMA DE RESOLUÇÃO DE PROBLEMAS — PARTE 3

ESTRATÉGIA PARA CONHECER

Simplificar um problema para resolvê-lo

- **Um problema**

Em uma convenção havia 100 pessoas. Cada pessoa podia ser classificada como especialista ou estudante. Sabe-se que:

> I) ao menos 1 pessoa era especialista;
>
> II) de 2 pessoas quaisquer, ao menos 1 delas era estudante.

- Quantos estudantes e especialistas havia na convenção?

- **Para resolver um problema simplificando-o**

EU DEVO...	PARA...
1 simplificar os dados do problema para determinar uma estratégia de resolução. Podemos começar simplificando os dados do problema para apenas 3 pessoas na convenção.	• facilitar a identificação da estratégia a ser usada na resolução do problema mais complexo.
2 resolver o problema mais simples. Com 3 pessoas, A (especialista), B e C, escolhendo 2 quaisquer, podemos ter: • AB (pela condição II, B é estudante); • AC (pela condição II, C é estudante); • BC (ambos são estudantes).	• observar como podem ser feitas as primeiras tentativas de resolução.
3 alterar os dados, se necessário, para aproximá-los do problema original. Considerando 4 pessoas na convenção, A, B, C e D, podemos ter: • AB, AC e AD (como A é especialista, então B, C e D devem ser estudantes); • BC, BD e CD (todos são estudantes).	• reconhecer um padrão que leve a uma conclusão geral. Nesse caso, o número de estudantes parece ser uma unidade a menos que o número de pessoas presentes na convenção.
4 obter um argumento que sustente a conclusão. Com 100 pessoas, ao formarmos duplas nas quais uma das pessoas é o especialista, a outra deverá, necessariamente, ser um estudante, para não violar a condição inicial do problema. Assim, o número de estudantes presentes na convenção era 99.	• resolver o problema.

PROBLEMAS PARA RESOLVER

1 A MOEDA DE OURO

Um comerciante tem 100 moedas de ouro divididas em 10 pilhas com 10 moedas cada uma. Há 9 pilhas com moedas de 100 g cada uma e 1 pilha com moedas de 110 g. Como ele pode descobrir qual é a pilha de moedas mais pesadas fazendo uma única pesagem com uma balança digital?

2 OS DADOS

Observando o modo como as pessoas estão segurando os dados, é possível perceber que algumas faces estão visíveis, e outras, ocultas. Escreva uma relação entre a soma das pontuações das faces visíveis e a soma das pontuações das faces ocultas para uma pilha com x dados.

3 O MÚLTIPLO

Determine o menor múltiplo de 90 que seja formado apenas pelos algarismos 0 e 3.

PARTE 4

RECORDE

Função afim

- Função afim é toda função cuja lei pode ser escrita na forma $y = ax + b$, em que a e b são números reais e x pode assumir qualquer número real.
- Quando $a = 0$, chamamos a função afim de função constante.
- O gráfico da função afim sempre é uma reta não perpendicular ao eixo x.
- Para traçar o gráfico de uma função afim, bastam dois pontos.

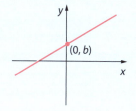 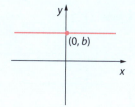 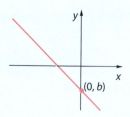

- O zero da função afim $y = ax + b$ é o número $x = -\dfrac{b}{a}$, com $a \neq 0$, dado pela raiz da equação $ax + b = 0$.
- A função linear é um caso particular da função afim. Sua lei é $y = ax$, para qualquer a real diferente de zero.
- Análise do gráfico de uma função afim $f(x) = ax + b$:

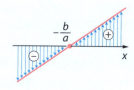 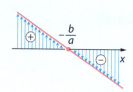

$a > 0$ (função crescente) $a < 0$ (função decrescente)

Proporcionalidade nas funções

Nas funções lineares, as grandezas x e y são diretamente proporcionais.

Se $f(x) = \dfrac{1}{x}$, as grandezas x e y são inversamente proporcionais.

Função quadrática

- Uma função chama-se função quadrática quando, para todo $x \in \mathbb{R}$, tem-se $f(x) = ax^2 + bx + c$, em que a, b e c são números reais e $a \neq 0$.
- O gráfico da função quadrática é uma parábola.

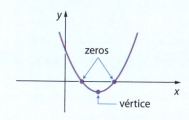

- A abscissa do vértice de uma parábola é: $x_v = \dfrac{-b}{2a}$
- A ordenada do vértice de uma parábola é: $y_v = f(x_v)$

Vértice: $V(x_v, y_v)$.

- Os zeros da função quadrática $f(x) = ax^2 + bx + c$ são as raízes reais da equação $ax^2 + bx + c = 0$.

Estudo do gráfico de uma função quadrática

- Concavidade de uma parábola

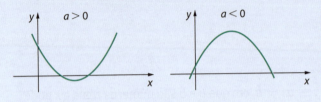

- Ponto de máximo e ponto de mínimo

Análise do gráfico de uma função quadrática

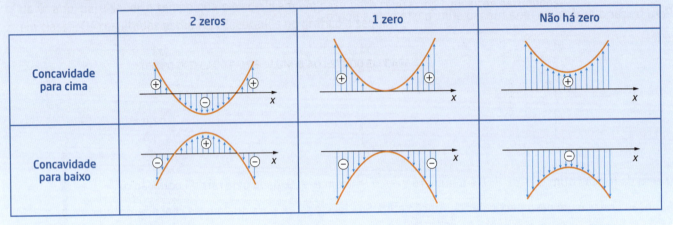

Figuras geométricas não planas

Exemplos:

- prisma

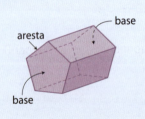

- pirâmide

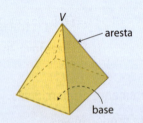

- corpo redondo

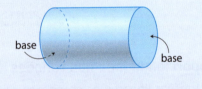

Volumes

Prisma	Pirâmide	Cilindro	Cone
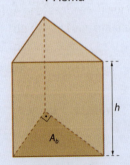	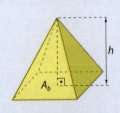	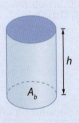	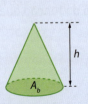
$V = A_b \cdot h$	$V = \dfrac{1}{3} \cdot A_b \cdot h$	$V = A_b \cdot h$	$V = \dfrac{1}{3} \cdot A_b \cdot h$

UNIDADE 10 Função afim

1. Função afim

1. Complete o quadro identificando *a* e *b* de cada lei das funções.

Lei da função	a	b
y = 6x − 1		
y = 4x		
y = 2x + 6		
y = 4 − 3x		
y = 7 − 2x		
y = x + 1		
y = 3x − 5		

2. Identifique as leis que representam funções afins. (Considere que *x* pode assumir qualquer valor real.)

a) $y = x + 3$
b) $y = (x + 6)^2 - (x + 1)^2$
c) $y = (x + 2)^2 - (x + 2)^2$
d) $y = 3x$
e) $y = \sqrt{x}$
f) $y = (x + 3)(x - 1) - (x + 1)(x - 1)$
g) $y = x^2 - x + 1$
h) $y = \sqrt{x} + 2$

3. Assinale as afirmativas falsas.

a) Função afim é toda função cuja lei pode ser escrita na forma $y = ax + b$, em que *a* e *b* são números reais e *x* pode assumir qualquer valor real.
b) A lei da função $y = x^2 + 3$ não é uma função afim.
c) Quando $a > 0$, a função afim é crescente.
d) Quando $a < 0$, a função afim é constante.
e) Quando $a = 0$, a função afim é constante.
f) A lei da função $y = x + 3$ não é uma função afim.
g) Quando $a < 0$, a função afim é decrescente.
h) A função cuja lei é $f(x) = -\dfrac{x}{3}$ é constante.
i) A função cuja lei é $f(x) = \sqrt{3}\,x$ é crescente.

4. Construa em um mesmo plano cartesiano o gráfico das funções f e g, cujas leis são $f(x) = \frac{1}{2}x + \frac{1}{2}$ e $g(x) = -\frac{1}{2}x + \frac{1}{2}$, e classifique as retas.

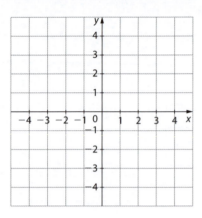

5. Construa em um mesmo plano cartesiano o gráfico das funções f e g, cujas leis são $f(x) = 2x - 2$ e $g(x) = 2x - 3$, e classifique as retas.

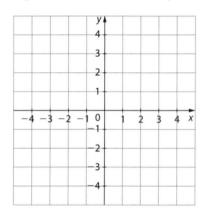

6. Construa em um mesmo plano cartesiano o gráfico das funções f e g, cujas leis são $f(x) = x - 4$ e $g(x) = 4 - 2x$, e classifique as retas.

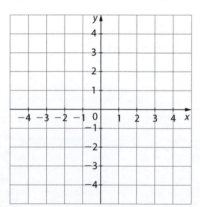

7. Assinale a alternativa que apresenta o gráfico de uma função crescente.

a)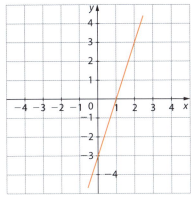

c)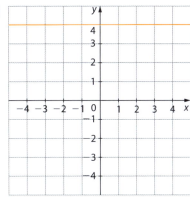

b)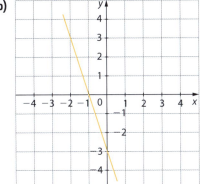

d)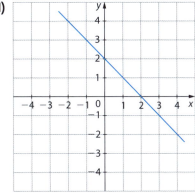

8. A reta que passa pelos pontos (2, 7) e (4, 11) é gráfico de uma função crescente ou decrescente?

9. A reta que passa pelos pontos (−3, 4) e (−9, −2) é gráfico de uma função crescente ou decrescente?

10. Construa os gráficos das seguintes funções afins.

a) $y = 2x - 6$

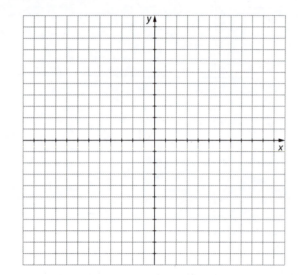

c) $y = 3 - x$

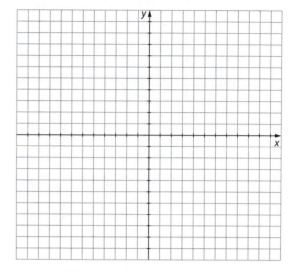

b) $y = 3x - 9$

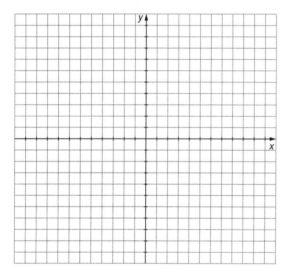

d) $y = -3x - 9$

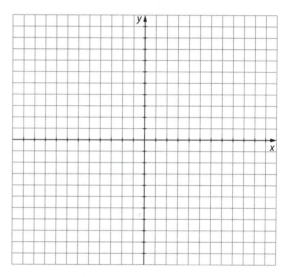

11. Determine o zero das funções considerando que x pode assumir qualquer valor real.

a) $y = x + \dfrac{1}{3}$

c) $y = x + 2$

b) $y = -x + 4$

d) $y = 3 - 7x$

e) $y = 81 - 27x$

g) $y = 3x + 6$

f) $y = \dfrac{2 - x}{5}$

h) $y = -2x - 1$

12. Determine os valores de x para os quais, nas leis das funções a seguir, $y = 0$.

a) $y = x + 1$

c) $y = 2x + 12$

b) $y = 35 - 7x$

d) $y = 18 + 6x$

13. Analise o quadro usado para a construção do gráfico de uma função afim e responda.

x	−1	0	1	2	3	4
y	−5	−4	−3	−2	−1	0

a) Qual é o zero da função?
b) Em que ponto o gráfico dessa função intercepta o eixo y?
c) Qual é a lei dessa função?

14. Analise o gráfico da lei da função $f(x) = 4 + x$ e responda.

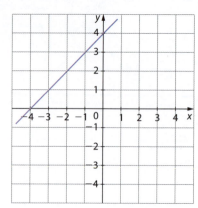

a) Para qual valor de x, $f(x) = 0$?

b) Para quais valores de x, $f(x) > 0$?

c) Para quais valores de x, $f(x) < 0$?

15. Analise o gráfico da lei da função $f(x) = 3 - 2x$ e responda.

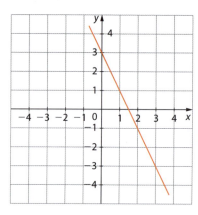

a) Para qual valor de x, $f(x) = 0$?

b) Para quais valores de x, $f(x) > 0$?

c) Para quais valores de x, $f(x) < 0$?

16. O lucro de uma empresa com a produção de x televisores é representado pela lei da função $f(x) = 25x - 2.500$. Determine o número mínimo de peças que essa empresa precisa produzir para obter lucro.

17. Determine os valores de x para os quais, nas leis das funções a seguir, $y < 0$.

a) $y = x - 8$

b) $y = 7 - x$

c) $y = 2x + 8$

d) $y = 20 - 5x$

18. Seja a lei da função $y = -x - 4$. Determine os valores reais de x para os quais $y > 0$.

19. Seja a função $y = 2x - 4$. Determine os valores reais de x para os quais $y < 0$.

20. Seja a função $y = -2x - 6$. Determine os valores reais de x para os quais $y < 0$ e $y > 0$.

21. Determine os valores reais de x para os quais a lei da função f apresenta $f(x) > 0$, $(x) < 0$ e $f(x) = 0$.

a) $f(x) = 3x + 27$

b) $f(x) = 12 - 3x$

22. Observe os gráficos das funções abaixo e determine os valores de x para os quais $y = 0$, $y > 0$ e $y < 0$.

a) $f(x) = -x + 5$

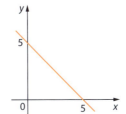

b) $f(x) = x + 5$

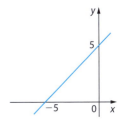

23. Alcides trabalha como taxista no centro da cidade onde mora. Nas corridas, ele cobra um valor fixo de R$ 12,00 pela bandeirada mais R$ 0,70 por quilômetro rodado.

a) Escreva a lei da função que representa essa situação, sendo P o preço a pagar (em reais) e x a distância percorrida (em quilômetro).

b) Bianca percorreu 15 quilômetros no táxi de Alcides. Quanto ela pagou pela corrida?

c) Em uma corrida de táxi, Terezinha pagou para Alcides R$ 33,00. Quantos quilômetros ela percorreu no táxi?

24. Rafael precisa alugar um carro para fazer uma viagem até uma cidade que está distante 700 quilômetros do local onde mora. Ele fez uma pesquisa em duas locadoras de veículos e obteve as seguintes informações:
- Locadora A: cobra R$ 80,00 fixos, referentes a possíveis danos no carro, mais R$ 1,50 por quilômetro rodado.
- Locadora B: cobra R$ 40,00 fixos, referentes ao seguro do carro, mais R$ 2,35 por quilômetro rodado.

Que locadora oferece condições mais vantajosas para Rafael alugar o carro?

25. Em certa cidade, duas empresas prestam o serviço de telefonia: empresa Alfa e empresa Beta. Elas oferecem os seguintes planos mensais a seus clientes:
- A empresa Alfa cobra R$ 38,00 pela assinatura mensal, mais R$ 0,40 por minuto utilizado.
- A empresa Beta cobra R$ 56,00 pela assinatura mensal, mais R$ 0,25 por minuto utilizado.

a) Considerando P o valor a ser pago, em reais, e x o número de minutos utilizados por mês, expresse a lei da função de cada empresa de telefonia.

b) Qual é o plano mais vantajoso para um cliente que pretende usar 220 minutos por mês?

26. Determinada região de uma cidade estava com problemas no abastecimento de água potável. Um caminhão-pipa, com capacidade para transportar 54.000 litros de água, foi enviado para essa região para abastecer um reservatório na vazão de 800 litros por minuto. Sabe-se que, após 40 minutos de abastecimento no reservatório, o caminhão-pipa se deslocou para outra região da cidade. Qual foi o volume de água despejado nesse reservatório? O volume (V), em litro, de água é função do tempo (t), em minuto. O volume de água restante no caminhão-pipa pode ser expresso pela lei $V = 54.000 - 800t$.

27. Denise desenhou este gráfico e pediu que sua prima Soraia identificasse.

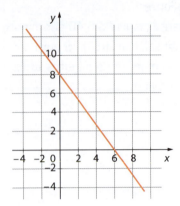

- os pontos em que a reta intercepta os eixos x e y;
- o zero da função;
- os valores de x para f(x) > 0;
- os valores de x para f(x) < 0;
- se a reta é o gráfico de uma função crescente ou decrescente.

Sabendo que Soraia identificou todos os itens corretamente, quais foram as respostas dadas por ela?

28. (Etec-SP) Certa companhia fornecedora de água encanada cobra de seus usuários, na conta mensal, o consumo referente a um período, de acordo com o quadro a seguir.

COMPOSIÇÃO DA CONTA MENSAL DE FORNECIMENTO DE ÁGUA	
Item	Valor (em R$)
Tarifa fixa e obrigatória	25,00
Tarifa cobrada por metro cúbico de água consumido	6,30

De acordo com o quadro apresentado, a função matemática que expressa, respectivamente, a composição da conta mensal, bem como o valor dessa conta, que é referente a um mês no qual foram gastos trinta e cinco metros cúbicos de água, aparece na alternativa:

Considere: V — valor da conta
x — quantidade de metros cúbicos de água consumidos

a) $V = 6,30x$; R$ 220,50
b) $V = 25 + 6,30x$; R$ 220,50
c) $V = 25 + 6,30x$; R$ 245,50
d) $V = 25 - 6,30x$; R$ 245,50
e) $V = 25x$; R$ 157,50

2. Função linear e proporcionalidade

1. Para fazer um bolo, Beatriz vai precisar de 2 ovos para cada xícara de farinha. Com essa informação, complete o quadro abaixo.

Quantidade de ovos	Quantidade de xícaras de farinha
	3
	4
	5
	x

2. Em uma padaria, o preço do quilograma do pão francês é R$ 3,00.

a) Escreva a lei da função que relaciona o preço y, em reais, e a quantidade x, em quilograma, de pão francês.

b) Calcule o preço de 300 gramas de pão francês nessa padaria.

3. Um botijão de gás de cozinha tem 13 quilogramas de gás. Dona Ana usa em média 0,35 quilogramas de gás por dia para preparar suas refeições. O consumo diário do botijão de gás é diretamente proporcional ao número de dias (t) em que é utilizado. A massa (m), em quilograma, restante no botijão pode ser representada pela lei da função $m = 13 - 0{,}35t$.

a) Se dona Ana cozinhar diariamente, qual será a massa restante no botijão após 12 dias?

b) Mantendo esse consumo diário, quanto tempo, aproximadamente, dona Ana levará para trocar o botijão de gás vazio por outro cheio?

4. Paula paga R$ 2,70 por litro de gasolina para abastecer o carro. O valor pago (P), em reais, é diretamente proporcional à quantidade (L), em litro, de gasolina.

a) Complete o quadro.

L (litro)	1	2			
P (reais)	2,70				

b) Escreva a lei da função que representa a relação entre essas grandezas.

c) Sabendo que Paula pagou R$ 81,00, com quantos litros de gasolina o carro foi abastecido?

5. Rosângela está reformando sua casa e precisa contratar um pintor para finalizar a obra. O pintor Sebastião lhe disse que, sozinho, leva 40 dias para fazer o serviço na casa.

a) Preencha o quadro abaixo, indicando o que aconteceria com o tempo gasto para fazer o mesmo serviço na casa, caso Rosângela contratasse mais pintores para ajudar Sebastião.

Número de pintores	1	2	4	8	10	20
Tempo gasto (dias)	40					

b) As grandezas número de pintores e tempo gasto (em dias) são direta ou inversamente proporcionais? Justifique sua resposta.

6. (Saresp) O quadro abaixo dá o preço de bolinhos de bacalhau em gramas, vendidos na fábrica. A expressão que representa a quantia (P) a ser paga em reais, em função do peso (x) de bolinhos comprados, em quilogramas, é:

Peso (em gramas)	Preço (em reais)
100	3,60
200	7,20
250	9,00
300	10,80
400	14,40
500	18,00

a) $P = 0,036x$
b) $P = 0,36x$
c) $P = 3,6x$
d) $P = 36x$

7. Roberto precisa trocar o óleo de seu carro. Após pesquisar muito, ele pagou R$ 27,50 por litro de óleo.

a) Qual é a lei da função que relaciona o preço y do litro de óleo com a quantidade x de litros?

b) Quanto Roberto pagará pela troca de óleo de seu carro, sabendo que a capacidade máxima do reservatório são 5 litros?

8. Determine a lei da função linear que passa pelo ponto (1, 4).

9. Determine a lei de formação das funções lineares representadas pelos gráficos a seguir.

a)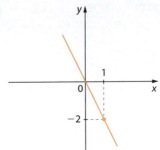

c)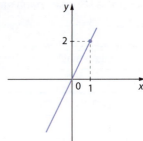

b)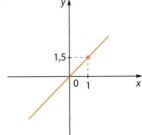

d)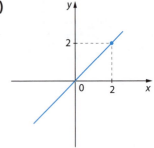

10. Um refrigerador teve seu preço de venda ao consumidor aumentado e passou a custar 1,11 vezes o preço antigo.

a) Qual é a lei de formação que relaciona o novo preço de venda y em função do antigo preço de venda x?

b) Qual é a porcentagem de aumento?

c) Construa o gráfico que representa a lei dessa função.

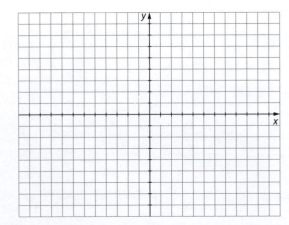

11. Joana tem uma loja de roupas. Em determinado dia, ela fez uma promoção, oferecendo para os clientes um desconto de 20% no valor de cada peça de roupa. O quadro abaixo apresenta o preço de três peças de roupa sem o desconto.

Peça de roupa	Preço (R$)
Camisa	20,00
Blusa	36,00
Calça	48,00

a) Escreva a lei de associação para o preço a pagar (P) com desconto, em função do preço (x) que estava na peça.

b) Quais seriam os preços com desconto das três peças apresentadas no quadro acima?

12. O gráfico apresenta o volume (V) de álcool, em centímetro cúbico (cm^3), em função de sua massa (m), em grama (g), a uma temperatura fixa de 0 °C.

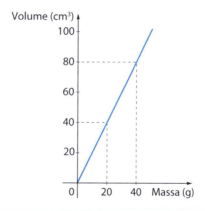

a) Escreva a lei da função que relaciona essas grandezas.

b) Qual é o volume de 50 gramas de álcool?

c) Qual é a massa de 60 cm^3 de álcool?

13. Luiza está de mudança para outra casa. Ao encaixotar seus objetos, acabou misturando as 14 lâmpadas fluorescentes novas com as 6 queimadas. Qual é a probabilidade de Luiza escolher uma lâmpada queimada para colocar na sala da casa nova?

14. A professora de matemática fez uma pesquisa em maio de 2018 com os alunos de três turmas de 9º ano, para saber o tempo que eles dedicam em casa para revisar os conceitos estudados em classe. Os resultados estão representados no gráfico a seguir.

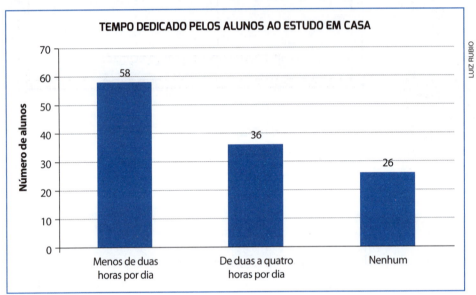

Dados obtidos pela professora em maio de 2018.

a) Quantos alunos responderam à pesquisa da professora?

b) A professora vai sortear um aluno que ganhará uma caixa de bombons. Qual é a probabilidade de sortear um aluno que estuda menos de duas horas por dia ou de duas a quatro horas por dia?

UNIDADE 11 Função quadrática

1. Conceito inicial

1. Assinale as funções quadráticas.
- a) $f(x) = x + 6$
- b) $y = 2x - x^2$
- c) $y = x + x^2 - 1$
- d) $f(x) = 5x - 6$
- e) $f(x) = 2x^2 - 3x + 2$
- f) $y = 7 - 5x$
- g) $f(x) = 4x$
- h) $y = -x^2 + 5x - 4$

2. Das leis abaixo, assinale a que **não** é uma função quadrática.
- a) $f(x) = x^2 - 1$
- b) $f(x) = 5x + x^2$
- c) $f(x) = x^2 - 3x - 3$
- d) $f(x) = x + x^2 - x^3 + 7$
- e) $f(x) = 5x^2 - x + 5$

3. Escreva a lei que expressa a área do polígono mais escuro em função das medidas indicadas.

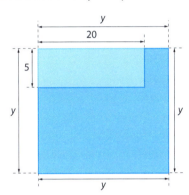

4. O quintal da casa de Adriano tem formato retangular. Ele vai construir uma piscina e plantar grama ao redor dela. Observe o esquema feito por Adriano.

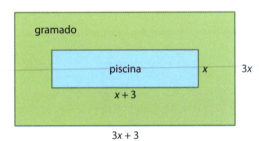

a) Escreva uma lei que expresse, em função de x (em metro), a área total do quintal (A), em metro quadrado.

b) Escreva uma lei que expresse, em função de x (em metro), a área destinada à piscina (Ap), em metro quadrado.

c) Escreva uma lei que expresse, em função de x (em metro), a área correspondente ao gramado (Ag), em metro quadrado.

d) Qual deve ser o valor de x para que a piscina ocupe uma área igual a 10 m²?

5. Juca cercou uma área de 6 m² no seu terreno para fazer um galinheiro. Após algum tempo, por causa do aumento do número de galinhas, ele precisou aumentar o comprimento e a largura do galinheiro.

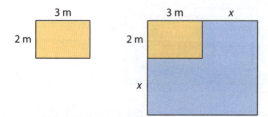

Veja que Juca acrescentou à largura e ao comprimento a mesma medida (x metros).

a) Escreva a lei que representa a área do galinheiro (A), em metro quadrado, após a ampliação, em função da medida x, em metro.

b) Qual será o valor da área do galinheiro se $x = 5$?

c) Qual será o valor da área do galinheiro se $x = 8$?

6. Determine o valor de *a*, *b* e *c* nas funções quadráticas.
   a) $f(x) = 2x^2 - x - 5$

   b) $f(x) = 3x^2 + 6$

   c) $f(x) = x^2 - x$

   d) $f(x) = 3x^2 + x + 2$

   e) $f(x) = 5x^2 - 2x + 1$

7. Dada a função de lei $f(x) = x^2 - 9x + 9$, calcule:
   a) $f(3)$ **d)** $f(-8)$

   b) $f(7)$ **e)** $f(11)$

   c) $f(-5)$ **f)** $f(-15)$

8. Calcule $f(2)$ nas funções definidas pelas leis abaixo.

a) $f(x) = x^2 + 4x + 4$

c) $f(x) = x^2 - 7x$

b) $f(x) = x^2 - 16x + 16$

d) $f(x) = x^2 - 25$

9. Sabendo que $f(x) = x^2 - 4x - 9$, determine os valores de x para os quais $f(x) = 3$.

10. Sabendo que $f(x) = x^2 + 6x + 4$, determine quais são os valores de x que tornam verdadeira a igualdade $f(x) = -4$.

11. Sabendo que $f(x) = x^2 - x - 12$, quais são os valores de x que satisfazem a equação $f(x) = 0$?

12. Gabriel aprendeu que o número de diagonais (d) de um polígono é dado em função do seu número de lados (n) e pode ser expresso pela lei $d = \dfrac{n(n-3)}{2}$ ou $d = \dfrac{n^2 - 3n}{2}$.

Responda à pergunta de Gabriel.

Qual é o polígono que tem 14 diagonais?

13. Manuel tem uma pizzaria e construiu um forno cuja temperatura y (em graus Celsius) é regulada de modo que varie em função do tempo t (em minuto), de acordo com a lei $y = 4t - \dfrac{t^2}{125}$, com $0 \leqslant t \leqslant 500$.

a) Qual é a temperatura do forno no instante $t = 0$?

b) Em quais instantes a temperatura do forno atinge 500 °C?

14. (Senai) Um míssil foi lançado tendo como trajetória o gráfico da função $f(x) = -x^2 + 30x$, onde $f(x)$ representa, em metros, a altura alcançada e x, em metros, a distância percorrida. Quando a altura $f(x)$ for igual a 200 m, a menor distância percorrida será:

a) 10 m
b) 15 m
c) 25 m
d) 30 m
e) 35 m

2. Gráfico da função quadrática

1. Determine o vértice da parábola de cada função descrita abaixo.

a) $f(x) = 6x - 9x^2 - 1$

b) $f(x) = x^2 - 9$

c) $f(x) = x^2 + x + 1$

d) $f(x) = x^2 + 8x + 12$

e) $f(x) = 2x^2 - 3x - 1$

f) $f(x) = x^2 + 5x + 6$

2. Bianca, Camila e Gabriela desenharam, cada uma, um gráfico. Depois, pediram a Alfredo que relacionasse cada curva à sua respectiva função, por meio da análise do vértice de cada parábola.

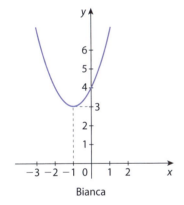
Bianca

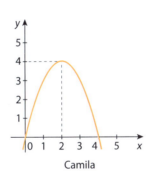
Camila

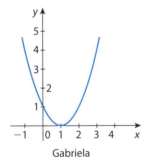
Gabriela

Funções:

I. $f(x) = x^2 + 2x + 4$ **II.** $f(x) = x^2 - 2x + 1$ **III.** $f(x) = -x^2 + 4x$

Sabendo que Alfredo calculou o vértice de cada parábola e relacionou corretamente cada gráfico com sua função, qual foi a resposta dada por ele?

3. Analise o vértice das parábolas e associe-as às respectivas leis.

A.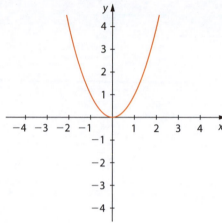

C.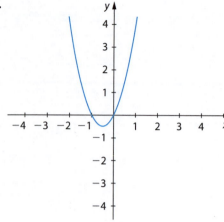

B.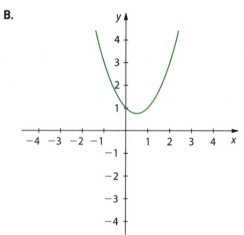

D.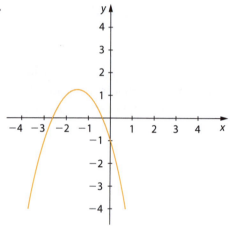

I. $y = -x^2 - 3x - 1$
II. $y = 2x^2 + 2x$
III. $y = x^2 - x + 1$
IV. $y = x^2$

4. (Saresp) Dada a função $f(x) = x^2 - 4x + 4$, o gráfico que melhor a representa no plano cartesiano é:

a)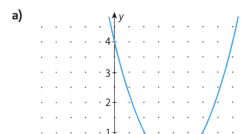

d)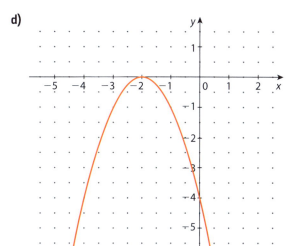

b)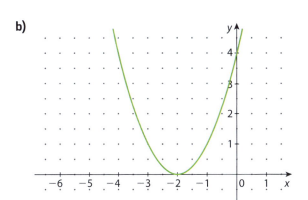

e)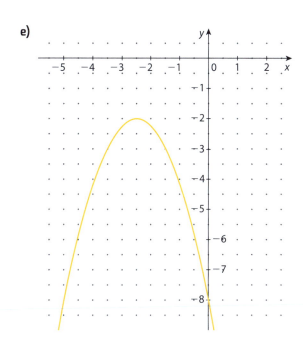

c)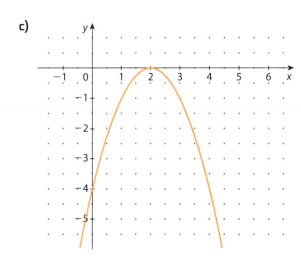

5. Complete o quadro referente a cada lei de função quadrática e construa o seu gráfico.

a) $y = x^2 - 9$

x	y
-2	-5
0	-9
2	-5
4	7

c) $y = x^2 + 2x - 8$

x	y
-2	-8
-1	-9
0	-8
1	-5
2	0

b) $y = \dfrac{x^2}{3} - x + 1$

x	y
-2	$\dfrac{13}{3}$
0	1
3	1
4	$\dfrac{7}{3}$

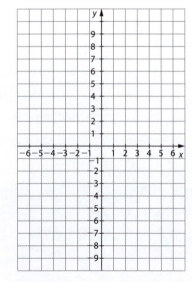

d) $y = \dfrac{x^2}{2} + \dfrac{x}{4}$

x	y
0	0
1	$\dfrac{3}{4}$
2	$\dfrac{5}{2}$
3	$\dfrac{21}{4}$
4	9

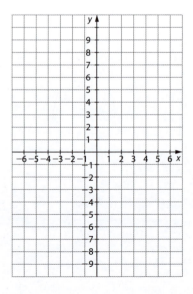

6. Associe cada parábola a uma lei de função quadrática.

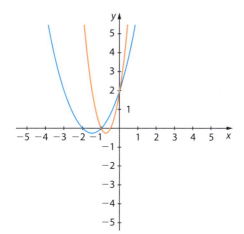

$f(x) = (x+1)(x+2)$ Parábola: _____

$f(x) = (2x+1)(2x+2)$ Parábola: _____

7. Determine os zeros das funções quadráticas.

a) $f(x) = x^2 - 4x$

b) $f(x) = x^2 + 4x + 3$

c) $f(x) = \sqrt{5}\,x^2 + x + 1$

d) $f(x) = x^2 - 3$

e) $f(x) = x^2 - 4x + 2$

f) $f(x) = x^2 - 49$

8. Em uma partida de futebol, a bola, chutada pelo zagueiro, descreveu no ar uma trajetória que lembra um arco de parábola que pode ser expressa pela lei da função $y = -2t^2 + 24t$, sendo y a altura atingida pela bola (em metro) em função do tempo t (em segundo), para $t \geq 0$. Durante quanto tempo após o chute a bola permaneceu no ar?

9. Quando um grilo dá um pulo, sua altura h, em metro, é descrita em função do tempo t, em segundo, pela lei $h(t) = 8t - 4t^2$, para $t \geq 0$.
Em quanto tempo o grilo retorna ao solo?

10. (Etec-SP) Um goleiro chuta a bola que se encontra parada em seu campo em direção ao campo do adversário. A bola descreve a trajetória de uma parábola, dada pela função $h(t) = -t^2 + 10t$, sendo t o tempo em segundos e $h(t)$ a altura atingida pela bola em metros. Após quanto tempo a bola tocará novamente o campo?

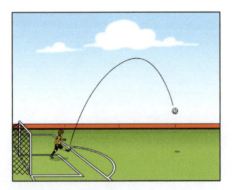

a) 13 s
b) 12 s
c) 11 s
d) 10 s

11. Determine os zeros das funções f e g.

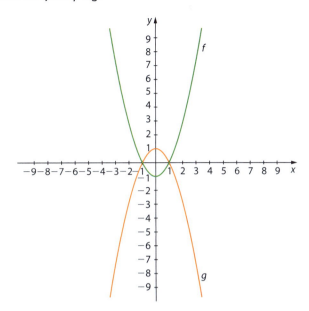

12. Analise os zeros das funções quadráticas e determine a condição do discriminante ($\Delta > 0$, $\Delta = 0$ ou $\Delta < 0$) em cada caso.

a)

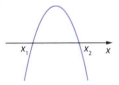

Δ _____

b)

Δ _____

c)

Δ _____

d)

Δ _____

e)

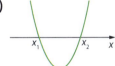

Δ _____

f)

Δ _____

13. Verifique se o gráfico de cada função intercepta o eixo x e determine, quando possível, os pontos de intersecção.

a) $f(x) = x^2 + 6x + 9$

b) $f(g) = 4x^2 - 25$

c) $f(h) = x^2 + 6x + 5$

d) $f(x) = -9x^2 - 16$

e) $f(x) = -x^2 + 7x + 8$

f) $f(x) = x^2 + 4$

g) $f(x) = -4x^2 + 8x$

14. A professora Rosana desenhou um gráfico na lousa e pediu aos alunos que identificassem:
- os zeros da função;
- a condição do discriminante ($\Delta < 0$, $\Delta = 0$ ou $\Delta > 0$);
- o ponto de intersecção entre o gráfico e o eixo y.

Observe o gráfico e analise a resposta dada pela aluna Joaquina.

Verifique se Joaquina respondeu corretamente à questão. Caso ela tenha se equivocado, faça as correções necessárias.

15. Assinale a alternativa que apresenta uma informação correta referente ao gráfico a seguir.

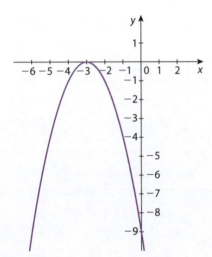

a) O discriminante $\Delta < 0$.
b) O vértice da parábola é (0, −3).
c) O ponto de intersecção entre o gráfico e o eixo y é (0, −9).
d) Os zeros da função são −3 e 0.

3. Estudo do gráfico de uma função quadrática

1. Analise cada lei de função abaixo e escreva se a concavidade da parábola que a representa é voltada para cima ou para baixo.

a) $f(x) = -x^2 - x + 6$

b) $f(x) = 3x - x^2 + 8$

c) $f(x) = \frac{2}{3}x + x^2 - \frac{1}{4}$

d) $f(x) = -5x + 2 - x^2$

e) $f(x) = 2x^2 - x + 1$

f) $f(x) = -1 - 5x + x^2$

g) $f(x) = 4x - x^2 + 3$

h) $f(x) = x^2 + \frac{5}{4}x - 3$

2. Calcule os valores reais de k para que a parábola que representa a função:

a) $f(x) = (k + 2)x^2 - 2x - 6$ tenha concavidade voltada para cima.

b) $f(x) = -(k - 1)x^2 + 5x - 3$ tenha concavidade voltada para baixo.

c) $f(x) = -2x^2 + 3kx - 2$ tenha concavidade voltada para baixo.

d) $f(x) = 3x + (k - 1)x^2$ tenha concavidade voltada para baixo.

e) $f(x) = 3x^2 - kx + 5$ tenha concavidade voltada para baixo.

f) $f(x) = kx + (k + 5)x^2 - k$ tenha concavidade voltada para cima.

3. Classifique cada afirmação em V (verdadeira) ou F (falsa).

a) Sendo a função $f(x) = -2x^2 + 3x - 5$ e x um número real, a concavidade da parábola é voltada para cima. ☐

b) Sendo a função $f(x) = -kx^2 - \frac{1}{4}x + 2$ e x um número real, a concavidade da parábola é voltada para cima se $k < 0$. ☐

c) Sendo a função $f(x) = x - kx^2$ e x um número real, a concavidade da parábola é voltada para baixo se $k > 0$. ☐

d) Sendo a função $f(x) = (x + 1)(x - 1)$ e x um número real, a concavidade da parábola é voltada para baixo. ☐

e) Sendo a função $f(x) = 2(x^2 - 3x) - 3(x^2 + 1)$ e x um número real, a concavidade da parábola é voltada para baixo. ☐

4. Observe as informações dadas por Aline e Anderson sobre a função $f(x) = \frac{x^2}{4} - x + 15$.

Qual dos amigos deu as informações corretas sobre a função citada? Justifique sua resposta.

5. Observe os gráficos das funções quadráticas e determine o ponto de máximo ou o ponto de mínimo de cada uma delas.

a)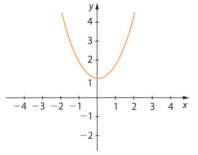

b)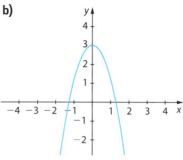

6. Verifique se as funções admitem valor máximo ou valor mínimo e calcule esse valor.

a) $f(x) = \dfrac{x^2}{3} - 2x + 1$

b) $f(x) = \dfrac{-3x^2}{2} - \dfrac{2}{3x} - 2$

c) $f(x) = -x^2 + 4x - 3$

d) $f(x) = x^2 + 6x + 2$

7. Assinale a alternativa cuja função quadrática admite valor máximo.

a) $f(x) = (x + 2)(x - 3)$

c) $f(x) = \left(x + \dfrac{1}{2}\right)(x - 2)$

b) $f(x) = (2x - 1)(5 - 2x)$

d) $f(x) = x^2 - 3x$

8. Indique se as funções quadráticas admitem valor máximo ou valor mínimo.

a) $f(x) = (x + 2)(1 - 3x)$

b) $f(x) = (2x + 1)(5 + x)$

c) $f(x) = \left(x + \dfrac{1}{2}\right)(3 - 2x)$

d) $f(x) = 6 - x^2 - 3x$

9. O gráfico apresenta a trajetória de uma bolinha de golfe, após a tacada, que pode ser expressa pela lei $h = -\dfrac{t^2}{4} + 2t$, sendo h a altura (em metro) e t, o tempo (em segundo).

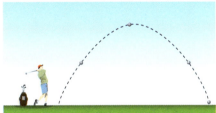

ERICSON GUILHERME LUCIANO

a) Durante quanto tempo a bolinha permaneceu no ar até tocar o solo novamente?

b) Qual foi a altura máxima atingida pela bolinha?

10. (Senai) Uma bola foi lançada para cima percorrendo uma trajetória cuja função é representada por $y = -x^2 + 6x - 2$. Assim, a altura máxima, em metros, atingida pela bola foi de:
a) 3 metros.
b) 5,00 metros.
c) 5,25 metros.
d) 7 metros.
e) 10 metros.

11. Luiza tem uma pequena empresa de fabricação de trufas de chocolate. O lucro mensal de sua empresa é dado pela lei $L = -3x^2 + 90x - 15$, em que L é o lucro (em real) obtido em função da quantidade mensal x de trufas vendidas. Qual é o lucro mensal máximo da empresa de Luiza?

12. Rafael comprou 20 metros de tela para cercar um pedaço do quintal, a fim de fazer um canil. Ele pretende fazer um cercado retangular utilizando uma das paredes, como mostra a figura ao lado.

a) Escreva a lei que relaciona a área do canil A em função do lado x.

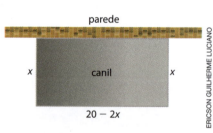

b) Qual deverá ser o valor de x para que a área do canil seja a maior possível?

13. Em uma cobrança de falta, Jorginho deu um chute na bola. Ela passou por cima da barreira formada por três jogadores e parou nas mãos do goleiro, que a defendeu. A figura abaixo apresenta a trajetória descrita pela bola, após o chute, que pode ser expressa pela lei $h = -\dfrac{d^2}{3} + 2d$, sendo h a altura (em metro) atingida pela bola e d, a distância horizontal (em metro).

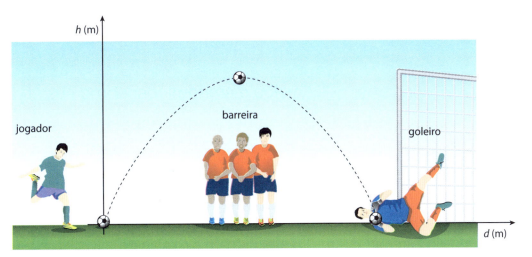

a) Qual foi a altura máxima atingida pela bola?

b) Qual era a distância entre o ponto de cobrança da falta e o ponto onde o goleiro segurou a bola?

14. Leonardo tem uma confecção de roupas. O rendimento bruto $R(x)$, em milhares de reais, da empresa é dado em função da quantidade x, em milhares de unidades, de peças confeccionadas por mês, de acordo com a lei $R(x) = -x^2 + 10x$.

a) Qual é o rendimento bruto máximo dessa empresa?

b) Qual é o rendimento bruto da empresa pela confecção de 6 mil peças de roupa em determinado mês?

c) Qual é o rendimento bruto da empresa pela confecção de 15 mil peças em 1 mês? Explique.

15. Em certo país, houve uma epidemia provocada por um vírus. As estatísticas apontaram que, inicialmente, foram comprovados 280 mil casos de pessoas infectadas pelo vírus. Essa epidemia pode ser representada pela lei $N(t) = 280 + 120t - 10t^2$, sendo $N(t)$ o número de pessoas infectadas (em milhares) dado em função do número t de semanas decorridas. Imediatamente após a comprovação dos primeiros casos, teve início a vacinação em massa da população, a fim de controlar essa epidemia. O gráfico abaixo representa a situação desde o aparecimento do vírus até o seu combate.

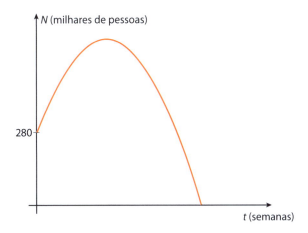

a) Qual foi a maior quantidade de pessoas infectadas em um mesmo período?

b) Depois de quanto tempo essa epidemia foi controlada, isto é, o número de pessoas infectadas reduziu para zero?

4. Análise do gráfico de uma função quadrática

1. Observe os gráficos das funções quadráticas e estude o sinal de cada uma.

a)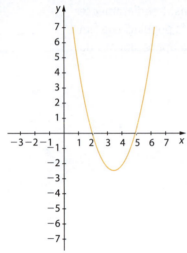

c)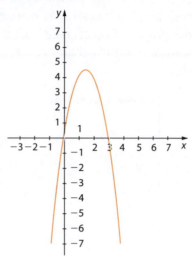

b)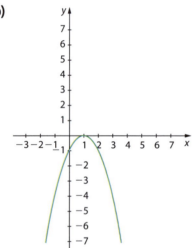

d)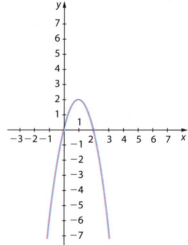

2. Estude o sinal das funções quadráticas.

a) $f(x) = x^2 - x - 2$

b) $f(x) = -x^2 - 2x + 3$

c) $f(x) = x^2 - 6x - 7$

d) $f(x) = -x^2 - 4x - 3$

e) $f(x) = \dfrac{x^2}{2} + 5x + 13$

f) $f(x) = -x^2 + 2x - 4$

3. Responda às questões.
a) Para quais valores de x a função quadrática $y = (x + 2)^2 - 9$ é positiva?

b) Para quais valores de x a função quadrática $y = -3(x - 2)^2 + 3$ é nula?

c) Para quais valores de x a função quadrática $y = -12\left(x - \dfrac{1}{6}\right)^2 - \dfrac{1}{2}$ é negativa?

4. Em uma apresentação de jatos aéreos, o piloto deu um voo rasante cuja trajetória pode ser representada por uma curva que lembra o gráfico de uma função quadrática, como mostra a figura abaixo.

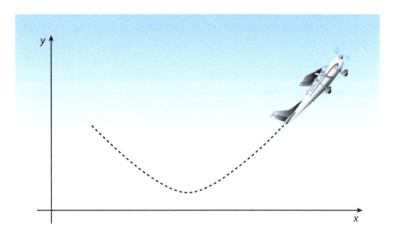

Assinale a alternativa que apresenta características corretas referentes à função quadrática cujo gráfico corresponde a essa curva.

a) $a > 0$; $\Delta > 0$; valor mínimo.
b) $a < 0$; $\Delta = 0$; valor máximo.
c) $a > 0$; $\Delta < 0$; valor mínimo.
d) $a < 0$; $\Delta < 0$; valor máximo.

5. (Saresp) A função $y = f(x)$, [em] $\mathbb{R}$ está representada graficamente por:

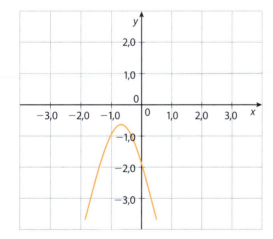

Pode-se afirmar que a função f:

a) tem raízes negativas.
b) possui valor mínimo.
c) tem raízes reais positivas.
d) tem valor máximo igual a -1.
e) não possui raízes reais.

6. Henrique treina tiro ao alvo com a ajuda de um assistente, que arremessa o objeto para Henrique tentar acertá-lo com sua espingarda. Ao ser arremessado, o objeto descreve uma trajetória que lembra uma parábola, que pode ser expressa pela lei $f(x) = -0{,}1x^2 + 2x$. A trajetória da bala da espingarda é retilínea e pode ser representada pela função $g(x) = 0{,}3x$. A figura abaixo apresenta um esquema com a representação do momento em que Henrique acertou o objeto, no ponto P, sendo x e y dados em metro.

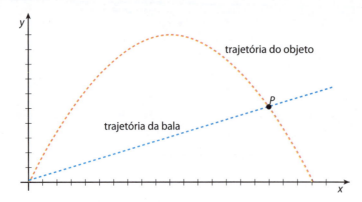

A que altura do solo, Henrique acertou o objeto?

No ponto P, temos $f(x) = g(x)$.

7. Observe o gráfico da função quadrática $f(x) = 3 + 2x - x^2$ e classifique as afirmações em V (verdadeira) ou F (falsa).

a) A função é positiva para $-1 < x < 3$. ☐

b) $f(x) = 0$ para $x = -3$ ou $x = -2$. ☐

c) A função é negativa para $x < 3$ e $x > -1$. ☐

d) A função é nula para $x = 3$ ou $x = -1$. ☐

e) A função apresenta ponto de mínimo. ☐

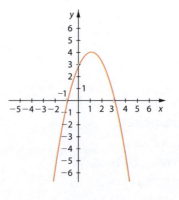

5. Inequações do 2º grau

1. Resolva as inequações em $\mathbb{R}$.

a) $x^2 - 5x - 6 > 0$

b) $-2x^2 + x + 3 < 0$

c) $3x^2 + 2x - 1 < 0$

d) $2x^2 - 3x - 9 \leq 0$

e) $-\dfrac{x^2}{4} + 2x + 5 \geq 0$

f) $x^2 + 5x - 14 \neq 0$

g) $-x^2 + 4x - 3 > 0$

h) $-2x^2 + 6x \neq 0$

2. Determine o conjunto solução das inequações.

a) $x^2 - x - 20 < 0$

b) $x^2 - 3x - 4 < 0$

c) $-x^2 + x - 1 \geqslant 0$

d) $4x^2 + x - 3 \leqslant 0$

e) $3x^2 - 2x + 5 > 0$

3. Determine para quais valores de x a área do retângulo é menor que a área do quadrado.

4. Determine os valores de x para os quais a área do retângulo é maior que a área do quadrado.

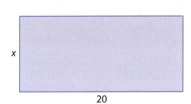

5. Cristina resolveu a inequação $-x^2 - x - 4 > 0$ e afirmou que o conjunto solução era $S = \mathbb{R}$. Cristina resolveu corretamente essa inequação?

UNIDADE 12 Figuras geométricas não planas e volumes

1. Figuras geométricas não planas

1. Entre as figuras geométricas não planas representadas abaixo, marque com um **X** as que são prismas.

2. Observe a planificação da superfície de dois sólidos geométricos.

a)
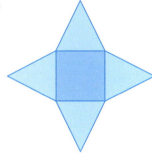

b)
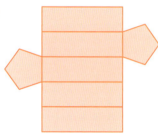

- Para cada item, desenhe uma representação de um sólido geométrico que corresponda à planificação.

2. Poliedros

1. Desenhe dois prismas e duas pirâmides diferentes.

2. Escreva o nome de cada poliedro a seguir.

a) 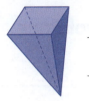 _____

b) 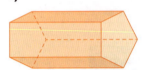 _____

c)  _____

d) 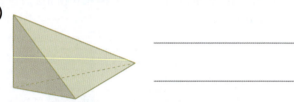 _____

3. Observe, em cada item, as faces de um poliedro. Escreva o nome desse poliedro.

a)

_____

b)

_____

4. Conte a quantidade de vértices (*V*), arestas (*A*) e faces (*F*) dos sólidos representados abaixo. Organize esses dados em um quadro e verifique se a relação de Euler é válida para todos os casos.

 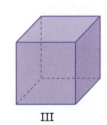 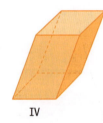 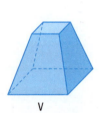

I   II   III   IV   V

3. Projeção ortogonal

1. Desenhe as seis vistas ortogonais de uma pirâmide de base quadrada.

2. As vistas ortogonais são de qual figura geométrica não plana?

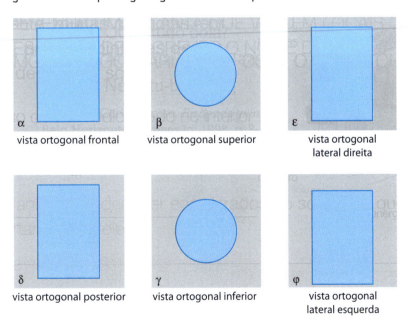

4. Volume de um prisma

Observe a planificação da superfície de um prisma de base triangular.

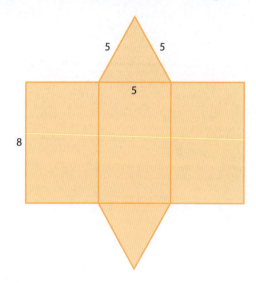

- Agora, responda às questões.
  a) Qual é a área da base do prisma que corresponde a essa planificação?

  b) Qual é o volume do prisma que corresponde a essa planificação?

5. Volume de uma pirâmide

Calcule o volume da pirâmide de base:
a) pentagonal.

$A_{base} = 32$ cm²

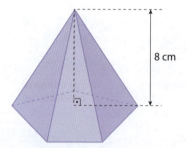

8 cm

b) quadrada.

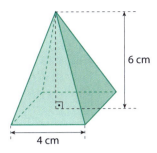

6. Volume do cilindro

1. Qual sólido tem volume maior: um paralelepípedo de dimensões 1,8 m, 4 m e 5 m, ou um cilindro cuja altura mede 5 m e cujo raio mede 2,8 m?

2. Calcule o volume do cilindro.

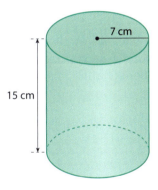

3. Observe os dois cilindros representados a seguir e responda sem fazer cálculos. Qual destes cilindros tem maior volume?

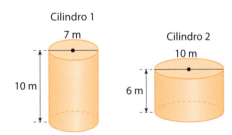

- Agora, faça os cálculos para confirmar sua estimativa.

7. Volume do cone

1. Observe as figuras a seguir.

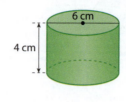

- Agora, assinale a única alternativa correta.

   a) O volume do cone é aproximadamente $\frac{1}{4}$ do volume do cilindro.

   b) O volume do cilindro tem aproximadamente 3 vezes o volume do cone.

   c) O volume do cone tem aproximadamente $\frac{2}{3}$ do volume do cilindro.

2. Observe um aquário em formato de cubo com arestas medindo 10 dm.

Utilizando um recipiente em formato de cone cujo raio mede 3 dm e a altura mede 5 dm, serão necessários, no mínimo, quantos recipientes para encher o aquário até o local indicado com medida de altura igual a 8 dm? (Considere $\pi = 3{,}14$)

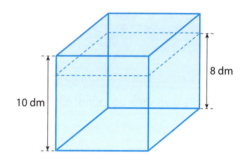

3. Elabore um problema que envolva volumes de figuras não planas que você conhece; em seguida, troque-o com um colega. Registre o problema e a solução no seu caderno de atividades.

PROGRAMA DE RESOLUÇÃO DE PROBLEMAS — PARTE 4

ESTRATÉGIA PARA CONHECER

Fazer suposições

• **Um problema**

Carlos e Alexandre são gêmeos idênticos. Um deles sempre mente, e o outro sempre diz a verdade. Para descobrir quem era Carlos, um amigo dos gêmeos perguntou a um deles:

— Carlos diz a verdade?

Sabendo que os gêmeos só respondem "sim" ou "não", como o amigo descobriu qual deles era Carlos?

• **Para resolver um problema fazendo suposições**

EU DEVO...	PARA...
1 identificar os dados do problema. Os dois irmãos são gêmeos idênticos. Um deles sempre mente, e o outro sempre diz a verdade.	• conhecer as condições impostas pelo enunciado antes de verificar as possibilidades.
2 organizar os dados. Como os gêmeos só respondem "sim" ou "não", podemos testar cada uma das possibilidades e analisar as conclusões.	• facilitar o registro e a análise das possibilidades.
3 fazer as suposições. **AFIRMAÇÃO VERDADEIRA** 	Carlos	Alexandre	 	Fala verdade	Fala mentira	 	Responde "sim"	Responde "não"	 **AFIRMAÇÃO FALSA** 	Carlos	Alexandre	 	Fala mentira	Fala verdade	 	Responde "sim"	Responde "não"		• estudar todas as possibilidades.
4 analisar as conclusões. Analisando as conclusões do quadro, percebemos que: • se o amigo obteve a resposta "sim", soube que estava falando com Carlos e; • se ele obteve a resposta "não", soube que estava falando com Alexandre.	• encontrar a solução.

PROBLEMAS PARA RESOLVER

1) IRMÃO MAIS VELHO

Leonardo, Rodrigo e Rafael são irmãos. Sabe-se que:
- ou Leonardo é o mais velho ou Rodrigo é o mais novo;
- ou Rodrigo é o mais velho, ou Rafael é o mais velho.

Quem é o mais novo e quem é o mais velho dos três irmãos?

2) A COR DOS OLHOS

Duas mulheres, uma de olhos claros e outra de olhos escuros, estão com os olhos vendados.

Quando indagadas sobre a cor de seus olhos, afirmam:
— Eu tenho olhos escuros — diz a mulher que está sentada.
— Eu tenho olhos claros — diz a mulher que está de pé.

Sabendo que pelo menos uma delas está mentindo, determine a cor dos olhos de cada uma.

PROBLEMAS PARA RESOLVER

3) O CAMPEONATO

Quatro equipes de futebol feminino disputaram um campeonato e cada equipe jogou contra a outra apenas uma vez.

Os critérios de pontuação foram:
- A equipe vencedora de uma partida ganha 3 pontos, e a perdedora, zero ponto.
- Em caso de empate, cada equipe ganha 1 ponto.

A equipe vencedora do torneio foi a Tradição, que não empatou nenhuma partida, seguida pela equipe Esportiva, que não perdeu nenhuma partida. Quantos pontos fez cada equipe nesse torneio?

4) O PRISIONEIRO

A um prisioneiro foi dada a oportunidade de ser livre. Para isso, ele deveria escolher uma entre duas portas: a **amarela** o levaria à liberdade e a porta **azul** o levaria para outra cela. Na frente das portas havia dois guardas. Um só falava a verdade e o outro só mentia. O prisioneiro, que não sabia qual dos guardas era o mentiroso, poderia fazer uma única pergunta a um dos dois para obter a liberdade. Ele pensou e fez a seguinte pergunta:

- O que o outro guarda responderá se eu lhe perguntar qual é a porta da liberdade?

Mostre como o prisioneiro conseguiu a liberdade fazendo essa pergunta.

ANOTAÇÕES